Businessplan

Axel Singler

3. Auflage

Inhalt

Der Businessplan – so wird er Ihr Schlüssel zum Erfolg 5
- Was ist ein Businessplan? 6
- Was haben Sie von einem Businessplan? 9
- Wann brauchen Sie einen Businessplan? 11
- Arten, Aufbau und Umfang 13
- Exkurs: Entwicklungsphasen von Unternehmen 18
- 10 goldene Regeln für einen guten Businessplan 22
- Das können Sie von Gründern lernen 27

Die Bausteine eines guten Businessplans 31
- Schritt für Schritt zum Businessplan 32
- Deckblatt und Inhaltsverzeichnis 33
- Zusammenfassung 34
- Produkt- und Unternehmensidee 36
- Managementteam 46
- Markt und Wettbewerb 52
- Marketing und Vertrieb 61
- Unternehmensform 80
- Finanzplanung 83
- Risikobewertung und alternative Szenarien 97

So beginnen Sie die Umsetzung — 101

- Das sind die ersten Schritte — 102
- Bereiten Sie eine Kurzfassung vor — 104
- So erstellen Sie Ihre Präsentation — 108
- Erfolgreich präsentieren — 111
- Externe Geldquellen erschließen – darauf schauen Investoren — 113

- Wertvolle Adressen — 122
- Stichwortverzeichnis — 125

Vorwort

Aus der US-Gründerszene wird gern folgender Satz zitiert: „They don't plan to fail. They fail to plan." Das Wortspiel lässt sich leider nicht direkt ins Deutsche übersetzen. Sinngemäß aber heißt es, dass es nicht geplant ist, zu scheitern. Das Scheitern liegt vielmehr darin, nicht zu planen. Diese Aussage hat bis heute nichts an Aktualität verloren. Egal, ob Sie enthusiastischer Gründer sind, als Nachfolger von einem ausscheidenden Inhaber eine Firma übernehmen wollen, oder als alter Hase in einem Unternehmen einer Innovation zum Durchbruch verhelfen möchten: Ohne ausreichende Planung, also der Erstellung eines Businessplans, ist Erfolg nur noch schwer möglich.

Dieser TaschenGuide ist für all diejenigen gedacht, die sich schnell einen Überblick über die wichtigsten Bestandteile eines Businessplans verschaffen wollen. Er hilft, die häufigsten Fehler zu vermeiden, indem er aufzeigt, was gute von schlechten Businessplänen unterscheidet. Durch die konkrete „Schritt-für-Schritt"-Anleitung wird es jedem sehr einfach gemacht, einen für ihn geeigneten Businessplan zu erstellen.

Viel Erfolg bei der Umsetzung Ihres Businessplans!

Axel Singler

Der Businessplan – so wird er Ihr Schlüssel zum Erfolg

Wer einen Businessplan erstellt, braucht viel Energie, Zeit und Geduld. Aber die Mühe lohnt sich! Mit dem Businessplan erhalten Sie eine Art Grundriss für Ihr Geschäftsvorhaben. Erfahren Sie hier zunächst:

- Was ein Businessplan überhaupt ist (Seite 6)
- Welchen Nutzen er hat (Seite 9)
- Welche Arten es gibt (Seite 13)
- 10 goldene Regeln für Ihren Businessplan (Seite 22).

Was ist ein Businessplan?

Stellen Sie sich vor, Sie wollen im nächsten Urlaub mit zwei Freunden zu Fuß die Alpen überqueren. Wie gehen Sie dieses Vorhaben an? Einige werden sagen: Ich nehme mir 14 Tage Urlaub und dann laufen wir mal los. Das ist auch ein Weg! Aber ob Sie in der vorgesehenen Zeit und gesund auf der anderen Alpenseite ankommen, darf bezweifelt werden. Die meisten von Ihnen werden sich erst einmal erkundigen: nach der besten Strecke, dem Wetter, nach Schwierigkeitsgraden, Unterkünften, und, und, und. Kurz gesagt: Sie informieren sich zunächst, um anschließend eine Route auszuarbeiten, auf der Sie gehen wollen. Wenn Sie dann starten, haben Sie einen genauen Plan im Kopf. Sie können jeden Abend überprüfen, ob Sie noch im „Soll" sind oder ob es, z. B. durch schlechtes Wetter, zu Verzögerungen gekommen ist, die Sie wieder reinholen müssen.

Genauso wie bei dieser fiktiven Urlaubsvorbereitung verhält es sich auch bei einem Businessplan. Nur dass hier der Ausgangspunkt keine Reise, sondern Ihre Geschäftsidee ist. Indem Sie sich gründlich vorbereiten, überlegen, was Sie bei der Umsetzung alles berücksichtigen müssen und wie Sie genau vorgehen wollen, schließen Sie Risiken aus. Außerdem können Sie immer wieder überprüfen, wo eventuell Abweichungen vorliegen, deren Ursachen analysieren und frühzeitig gegensteuern.

> Der Businessplan entstand in den USA als Entscheidungsgrundlage für Investoren. In Deutschland setzte er sich Mitte der 90er Jahre durch, als zahlreiche Gründerwettbewerbe ihn zur Voraussetzung für eine Teilnahme machten.

Sachlich definiert, ist ein Business- oder Geschäftsplan eine schriftliche Zusammenfassung eines unternehmerischen Vorhabens. Basierend auf Ihrer Geschäftsidee stellen Sie darin Ihre Strategie und die Ziele dar, die mit der Herstellung, dem Vertrieb und der Finanzierung Ihres Produkts oder Ihrer Dienstleistung verbunden sind. Außerdem muss der Geschäftsplan alle betriebswirtschaftlichen und finanziellen Aspekte eines Vorhabens beleuchten. Ein Geschäftsplan ist daher vor allem ein Werkzeug und ein Verkaufspapier

Der Businessplan als Werkzeug

Weil Sie Ihre Ziele und Ihre Strategie darin einfach und punktgenau dokumentieren, eignet sich ihr Businessplan gut als Werkzeug. Er verhilft Ihnen zu einer systematischen Vorgehensweise. Sie müssen alle relevanten Punkte durchdenken und Prioritäten setzen. Durch die schriftliche Fixierung werden Entscheidungen konkret, noch vage Vorstellungen werden nun präzise formuliert. Ihr Geschäftsplan gibt Ihnen wie eine Karte den künftigen Weg an und zeigt, ob Richtung und Geschwindigkeit stimmen.

Aber er ist kein starres Dokument. Er entwickelt sich weiter. Immer wenn Sie in eine Sackgasse geraten, passen Sie ihn entsprechend an, um einen neuen Weg auszuprobieren. Verstehen Sie ihn als eine Art Trockenübung. Ihre geschäftliche

Zukunft bekommt dadurch ein konkretes Gesicht. Es ist der Bauplan Ihrer Firma. Auch wenn das Verfassen eines Geschäftsplans eine große Herausforderung ist: Er bietet die Chance, Ihr Vorhaben ohne großes Risiko zu durchdenken. Es ist billiger, dieses Vorhaben jetzt abzubrechen als nach zwei Jahren „planloser" Tätigkeit.

Verkaufen mit dem Businessplan

Ein gut ausgearbeiteter Geschäftsplan ist die Visitenkarte Ihres Vorhabens und zeigt, dass Sie mit Ihrem Produkt oder Ihrer Dienstleistung Geld verdienen können. Damit bildet er die Grundlage für Ihre Gespräche mit:

– Banken

– Öffentlicher Hand

– Förderinstitutionen

– Risikokapitalgebern (Venture Capitalists)

– Business Angels (Privatpersonen, die Gründer und Jungunternehmer mit Kontakten, Know-how und/oder Kapital unterstützen)

– Beratern

– Kooperationspartnern

– Bürgen

– die eigene Geschäftsleitung (bei firmeninternen Innovationen).

Was haben Sie von einem Businessplan?

Einen Businessplan zu erstellen und ihn im Anschluss jederzeit als Arbeitsinstrument zur Hand zu haben, hat zahlreiche Vorteile:

- Er hilft Ihnen, andere von Ihrem Vorhaben zu überzeugen: Wenn Sie in Gesprächen Ihren Businessplan vorlegen, haben Sie bereits bewiesen, dass Sie mit der Komplexität einer Unternehmensgründung umgehen können. Zu diesem Zeitpunkt können Sie zu Recht stolz auf Ihre Leistung sein. Den Lesern zeigt er, dass Sie es ernst meinen. Es ist ein erster Schritt, andere von Ihrem Vorhaben und Ihren Fähigkeiten zu überzeugen.

- Er ist zwingende Voraussetzung für die Kapitalbeschaffung: Ohne eine quantitative und qualitative Darstellung Ihres Firmenkonzepts können Sie weder Investoren zum Einstieg bewegen noch einer Bank eine Kreditzusage entlocken.

- Er gibt Ihnen die Möglichkeit, Ihren Erfolg zu kontrollieren: Der Plan ist Ausgangspunkt für Ihr Controllingsystem. Jeder Schritt kann nachvollzogen, jede Abweichung muss bewertet werden. Eventuell müssen Sie den Plan anpassen. Bei Schieflagen können Sie frühzeitig entsprechende Gegenmaßnahmen einleiten.

- Er zwingt Sie zu einer systematischen Vorgehensweise: Bei der Erstellung müssen Sie alles logisch und mit System durchdenken. Sie entdecken Wissenslücken und erkennen Probleme. Sie müssen Entscheidungen treffen und sich über Alternativen Gedanken machen. Ihr Handeln wird effektiver und effizienter.

- Er gibt einen Überblick: Der fertige Geschäftsplan fügt alles zu einem stimmigen Ganzen zusammen. Er bietet einen Gesamteindruck Ihres Vorhabens und zeigt dessen Dimension auf.

- Er erhöht Ihre Erfolgsaussichten: Einen Hausbau würde niemand ohne Bauplan beginnen. Ebenso gilt: Ein ausgearbeiteter Businessplan erleichtert die Umsetzung einer Geschäftsidee. Dass dadurch Ihre Erfolgsaussichten steigen, ist inzwischen durch die Praxis bestätigt. Die häufigsten Ursachen für das Scheitern einer Gründung in Deutschland sind ein fehlerhafter Plan, gravierende Abweichungen vom Plan oder das Fehlen eines solchen.

- Er hilft, Risiken besser abschätzen zu können: Die Umsetzung einer Geschäftsidee ist immer mit Risiken verbunden. Risiken können im Unternehmen selbst oder vom Markt her entstehen. Sie lassen sich nicht ausschließen, aber eine genaue Planung und das Bewusstsein, dass im einen oder anderen Fall ein Risiko besteht, mildern die negativen Folgen erheblich ab. Erkannte Risiken können, z. B. durch finanzielle Reserven, gemildert oder ausgeschlossen werden.

- Er hilft, Abhängigkeiten aufzuzeigen: Auch wenn ein Geschäftsplan in einzelne Bausteine gegliedert ist, so ist es doch wichtig, dass alle Kapitel inhaltlich zusammenpassen und das Vorhaben in sich stimmig ist. So haben Aussagen zur Zielgruppe Auswirkungen auf den Marketingplan, die Kommunikationsplanung muss sich mit entsprechenden Zahlen im Finanzplan wiederfinden, geplante Erlöse beeinflussen den Kapitalbedarf. Wenn der Geschäftsplan fertig ist, zeigt sich, ob alle seine Kapitel zusammenpassen.

Wann brauchen Sie einen Businessplan?

Immer dann, wenn Sie eine Geschäftsidee konkret umsetzen wollen, sollten Sie einen Businessplan erstellen – egal, wie umfangreich Ihr Gründungsvorhaben ist. Für die Eröffnung eines Blumengeschäfts benötigen Sie ihn ebenso wie für die Einführung eines neuen innovativen Produktionsverfahrens. Die Fragen, denen Sie sich stellen müssen, sind die gleichen. Nur im Umfang weichen die Pläne voneinander ab.

Doch Unternehmensgründungen sind entgegen weit verbreiteter Meinung längst nicht mehr der einzige Anwendungsbereich für Businesspläne. Gerade in großen Konzernen ist es inzwischen üblich, bei Produkteinführungen, Expansionen oder Firmenkäufen mit diesem Werkzeug zu arbeiten.

Auch wenn Sie im Rahmen einer Nachfolgeregelung eine Firma übernehmen wollen, sollten Sie unbedingt einen Businessplan erstellen. Die Sammlung und Analyse des Zahlenmaterials fällt in diesem Fall sicher leichter. Dafür stehen dann die Fragen nach dem zukünftigen Produktsortiment, der Marketingstrategie und der Finanzierung der Nachfolge im Mittelpunkt.

Businesspläne werden inzwischen eingesetzt bei

- Neugründungen
- Nachfolgeregelungen
- Firmenverkäufen oder -übernahmen
- Strukturveränderungen und Neuausrichtungen
- Fusionen
- Kooperationen
- Neuprodukteinführungen
- Expansion in andere Märkte
- Kapitalerhöhungen
- Börsengängen
- Beantragung von öffentlichen Fördermitteln
- Erlangung von Erweiterungskrediten bei der Bank

Arten, Aufbau und Umfang

Bei so vielen unterschiedlichen Anwendungsbereichen für Businesspläne ist klar, dass nicht alle die gleichen Schwerpunkte setzen. So hat ein firmeninternes Dokument andere Inhalte als eines für eine Neugründung. Das Managementteam z. B. muss hier nur kurz oder gar nicht beschrieben werden. Beim Zahlenwerk kann meist auf die internen Controllinginstrumente zurückgegriffen werden. Ein Plan zur Neuprodukteinführung wird seinen Schwerpunkt eher bei den Themen Markt, Wettbewerb, Marketing und Vertrieb haben. Bei Nachfolgeplänen liegt der Fokus auf der Übernahmefinanzierung und der Kompetenz des Nachfolgers.

Doch auch bei Neugründungsvorhaben variiert die Ausarbeitung je Phase der Unternehmensgründung. Da gibt es

– den Kurzplan der Startphase und

– einen ausführlichen Plan in der Gründungsphase.

Wann welches Konzept zum Einsatz kommt, zeige ich Ihnen im Anschluss.

Im allgemeinen Sprachgebrauch meint man aber immer die ausführliche Fassung, wenn von einem Businessplan die Rede ist. Erkundigen Sie sich daher vorab bei Ihrem Gesprächspartner, welche Art er meint, wenn er von Ihnen einen Businessplan wünscht.

Da alle Bestandteile der Kurzfassung auch im ausführlichen Businessplan enthalten sind, beziehen sich die weiteren Erläuterungen in diesem Ratgeber schwerpunktmäßig auf die Ausarbeitung des Letzteren.

So bauen Sie einen Businessplan auf

Welche Kapitel oder Bestandteile ein Businessplan exakt enthalten soll, hat bisher noch niemand eindeutig definiert. Beeinflusst durch amerikanische Vorbilder, Risikokapitalgeber, Unternehmensberatungen, Businessplanwettbewerbe und die Vorstellungen von Banken oder öffentlichen Fördereinrichtungen hat sich in den letzten Jahren ein Quasi-Standard eines Geschäftsplans herausgebildet. Die Reihenfolge der Gliederungspunkte oder die Kapitelaufteilung kann dabei im Einzelfall abweichen. Die relevanten Inhalte sind dagegen fast überall gleich. Ein professioneller Businessplan sollte demnach folgende Kapitel enthalten:

1 **Zusammenfassung (Executive Summary):** Hier stehen die wichtigsten Punkte Ihres Vorhabens – kurz und prägnant formuliert.

2 **Produkt- und Unternehmensidee:** Präsentieren Sie in diesem Abschnitt Ihre Produktidee und den Kundennutzen, auch im Vergleich zu den Wettbewerbern.

3 **Management- bzw. Gründerteam:** Nennen Sie alle Teammitglieder mit ihren spezifischen, für die Gründung wichtigen Qualifikationen.

4 **Markt und Wettbewerb:** An dieser Stelle geben Sie mithilfe von Markt- und Branchendaten vertiefte Einblicke zu Konkurrenten und Kunden.

5 **Marketing und Vertrieb:** Beantworten Sie ausführlich die Fragen nach Ihrer Markteintrittsstrategie und den konkreten Werbe- und Vertriebsüberlegungen.

6 **Unternehmensform:** Hier beschreiben Sie die Gesellschaftersituation, die gewählte Rechtsform und andere formale Punkte.

7 **Finanzplanung:** In der Finanzplanung werden u. a. die Gewinn- und Verlustrechnung, die Liquiditätsplanung und der Kapitalbedarf aufgeführt.

8 **Risikobewertung und Alternativszenarien:** Zeigen Sie die Risiken Ihres Vorhabens auf und machen Sie Angaben über Entwicklungen in Best-case- und Worst-case-Szenarios, also für den Fall, dass sich alles sehr gut oder sehr schlecht entwickelt.

Manche Investoren oder Wettbewerbe verlangen in Businessplänen noch einen Ablaufplan. Es ist zwar vernünftig, einen solchen zu erstellen. Er ist aber aus meiner Sicht kein Bestandteil des Businessplans an sich, da er zu häufig aktualisiert wird. Fragen Sie im Zweifelsfall beim Empfänger nach, ob er einen Ablaufplan vorgelegt haben möchte.

Wie lang sollen Businesspläne sein?

Es ist nicht festgelegt, welchen Umfang ein Geschäftsplan haben soll. Wenn Sie im Bereich der Biotechnologie eine bahnbrechende Erfindung gemacht haben und nun von Investoren drei Millionen Euro einwerben wollen, wird er umfangreicher sein als bei einem Handwerksmeister, der sich selbstständig machen will und eine Anschubfinanzierung über 30.000 Euro von seiner Hausbank braucht.

> Es gilt der Grundsatz, dass der Umfang des Plans zu Ihrem Gründungsvorhaben passen muss.

Schreiben Sie einen Businessplan für ein Vorhaben mit einem starken lokalen Bezug (z. B. Handwerksbetrieb, Gaststätte, Ladengeschäft, Internet-Café) liegen Sie mit einem Umfang von fünf bis zehn DIN A4 Seiten richtig. Handelt es sich um eine Gründung mit regionalem Bezug (z. B. IT-Dienstleistung, Spedition, Landwirtschaft, Handel) sollten zehn bis 20 DIN A4 Seiten ausreichen. Arbeiten Sie zukünftig national oder international und benötigen Sie dafür größere externe Investoren, sollten Sie Ihre Ausführungen auf 20 bis 40 Seiten machen.

Mehr als 50 Seiten sind immer kritisch, da kaum ein Investor bereit ist, so detailliert in einen Plan einzutauchen. Wenn er Interesse hat, wird er sich notwendige Zusatzinformationen in einem persönlichen Gespräch holen.

Die folgende Tabelle gibt für die zwei Arten von Businessplänen, den Kurzplan in der Startphase und den ausführlichen Plan in der Gründungsphase, ungefähre Seitenzahlen für die einzelnen Kapitel an. Die Angaben können allerdings nur eine grobe Orientierung sein und beziehen sich auf eine mittelgroße Gründung, Basis ist ein innovatives Produkt, das auf dem gesamten deutschen Markt verkauft werden soll.

Umfang der Businessplankapitel:

Kapitel	Kurz-plan	Gründungs-plan
Zusammenfassung	2	3
Produkt- und Unternehmensidee	4	5
Managementteam	1	6
Markt und Wettbewerb	2	5
Marketing und Vertrieb		7
Unternehmensorganisation		4
Finanzplanung		8
Risikobewertung und Alternativ-szenarien		2
SUMME	9	40

Achtung: Businessplanwettbewerbe geben teilweise die maximale Seitenzahl der einzureichenden Pläne vor.

Exkurs: Entwicklungsphasen von Unternehmen

Der Umfang eines Businessplans hängt auch von der Phase ab, in der sich das Unternehmen gerade befindet. Daher soll an dieser Stelle kurz auf den idealtypischen Verlauf des Wachstums von Unternehmen eingegangen werden. Dieses kann in drei Phasen unterteilt werden:

- Entwicklung einer Geschäftsidee
- Erstellung eines Businessplans
- Unternehmensgründung und Expansion

In jeder Phase ist der Aufgabenschwerpunkt ein anderer und fordert damit eine andere Aufbereitung des Businessplans.

Phase 1: Entwicklung einer Geschäftsidee

Am Beginn steht Ihre Idee für ein neues Produkt oder eine neue Dienstleistung. Diese muss darauf geprüft werden, inwieweit sie einen wirklichen Kundennutzen bringt und wie groß die mögliche Kundengruppe ist. Zu diesem Zeitpunkt ist es sinnvoll, zu sondieren, wer im zukünftigen Team mitarbeiten könnte. Da Produkt oder Dienstleistung noch nicht fertig entwickelt sind, müssen Sie hier überlegen, mit welchem Partner Sie einen Prototyp entwickeln können.

Finanzielle Unterstützung benötigen Sie in diesem Stadium meist noch nicht. Sie bezahlen Ihr Vorhaben mit eigenem Geld oder werden von Bekannten oder Verwandten unterstützt. Oft wird eine Innovation auch im Rahmen von Forschungsvorhaben finanziert.

Ziele für diese Phase

- Geschäftsidee und Produkt oder Dienstleistung entwickeln
- Markt und Wettbewerb beleuchten
- Geschäftsziele festlegen
- Ergebnisse in einem Kurzbusinessplan zusammenfassen

Phase 2: Erstellung eines Businessplans

In Phase 2 machen Sie sich ein möglichst komplettes Bild vom gesamten Gründungsvorhaben. Alle Punkte, die Sie später in einem Businessplan zusammenfassen, müssen Sie nun detailliert recherchieren und beleuchten. Erstellen Sie Pläne für die wichtigsten Unternehmensfunktionen wie Entwicklung, Herstellung, Finanzen, Marketing und Vertrieb. Erste finanzielle Überlegungen über Budgets müssen getroffen werden. Sie sollten sich auch mit unterschiedlichen Entwicklungsszenarien beschäftigen. Machen Sie sich außerdem Gedanken über den Preis, die Vermarktungskanäle, und, und, und. Sie sehen: eine komplexe Aufgabe. Achten Sie darauf, den Überblick zu behalten.

In dieser Phase sollten Sie intensiven Kontakt zu externen Ratgebern wie Steuerberatern, Finanzberatern von Banken, Rechtsanwälten, öffentlichen Fördereinrichtungen und Marketingfachleuten suchen. Auch die Ansprache erster Kunden ist wichtig. Stellen Sie Ihre Idee vor und fragen Sie nach der Meinung Ihres Gegenübers. Nur so können Sie Ihre Marktchancen realistisch einschätzen. Außerdem bekommen Sie dadurch erste wertvolle Hinweise für Ihre Produktentwicklung. Denn: ohne Kunden kein Unternehmenserfolg!

Dies ist eine sehr zeitintensive Phase. Je nach Vorhaben ist das nicht „so nebenbei" zu bewältigen. Wenn Sie sich Vollzeit mit Ihrem Businessplan beschäftigen, denken Sie daran, dass Sie nicht nur die Kosten für Ihre private Lebenshaltung bestreiten müssen, sondern auch erste Firmenausgaben hinzukommen. In der Regel finanzieren Sie auch diesen Zeitraum aus eigener Tasche, mit freundschaftlicher Hilfe oder staatlichen Fördermitteln.

Ziele für diese Phase

— Produkt oder Dienstleistung zur Marktreife bringen

— Umfangreichen Businessplan erstellen

— Kapitalgeber suchen

— Finanzierung sichern

Phase 3: Unternehmensgründung und Expansion

Nun wird es spannend: Die Umsetzung des Businessplans beginnt. Sie gründen Ihr Unternehmen und steigen in die operativen Tätigkeiten ein. Jetzt zeigt sich, ob Sie am Markt bestehen können und Ihre Idee genug Gewinn abwirft, um dauerhaft im Wettbewerb zu überleben. Den fortgeführten

Geschäftsplan benötigen Sie später, wenn Sie in andere Bereiche expandieren wollen. Für den Fall, dass Sie institutionelle Investoren an Bord haben, werden diese nach einiger Zeit Gewinn bringend aussteigen wollen. Nutzen Sie dann den Businessplan, um neue oder zusätzliche Geldgeber zu gewinnen. Einen zusammenfassenden Überblick über die einzelnen Phasen sehen Sie in der folgenden Tabelle:

Phase	Dauer	Merkmale	Finanzierung
Entwicklung der Geschäftsidee	6 bis 12 Monate	Geschäftsidee Markterkundung Erstellung Kurzplan	Eigenmittel Fördermittel
Aufstellung Businessplan	6 bis 18 Monate	Produktentwicklung Aufstellung Businessplan externe Gespräche Gründungsvorbereitung oder Gründung	Eigenmittel Fördermittel
Gründung und Expansion	bis zu 36 Monate	Aufnahme Produktion Markteinführung Marktdurchdringung Ausbau der Vertriebswege Erreichung des Break-Even-Punkts	Kredite Risikokapital

10 goldene Regeln für einen guten Businessplan

Unabhängig vom konkreten Gründungsvorhaben und der inhaltlichen Ausgestaltung Ihres Businessplans gibt es zehn Grundregeln, die Sie bei der Erstellung auf jeden Fall beachten sollten. Nur so können Sie erfolgreich zum Ziel gelangen.

Regel 1: Halten Sie durch

Die Ausarbeitung eines Businessplans erfordert vor allem eines: Durchhaltevermögen. Lassen Sie sich nicht vom vermeintlich großen Arbeitsaufwand entmutigen. Gehen Sie Schritt für Schritt vor und teilen Sie die Arbeit in kleine überschaubare Einheiten. Erstellen Sie zuerst anhand der Struktur auf Seite 14 f. die Gliederung. Arbeiten Sie dann die Bausteine nacheinander mithilfe der jeweiligen Fragen ab.

Regel 2: Achten Sie auf Vollständigkeit

Vor der Weitergabe des Plans an Interessenten oder Kapitalgeber sollten Sie noch einmal überprüfen, ob alles vollständig ist. Sind alle notwendigen Kapitel ausgearbeitet? Liegt eine Vertraulichkeitserklärung bei? Haben Sie alle notwendigen Anhänge angefügt?

Regel 3: Sorgen Sie für Klarheit

Für die Orientierung in einem Businessplan ist eine eindeutige und übersichtliche Struktur unerlässlich. Eine gute Gliederung – nach einer Struktur wie in Kapitel 2 (ab Seite 31) gezeigt – gibt dem Leser einen schnellen Überblick. Formulieren Sie präzise und einfach. Stellen Sie nur die wesentlichen Punkte dar. Tief gehende Detailbeschreibungen sprengen den Rahmen.

Regel 4: Bleiben Sie sachlich

Dass Sie von Ihrer Idee und Ihrem Vorhaben begeistert sind, ist ganz natürlich. Diesen Elan sollten Sie sich auch erhalten, vor allem wenn Sie Ihren Plan später Kapitalgebern vorstellen. In einem Geschäftsplan sind schwärmerische Darstellungen allerdings fehl am Platz. Bemühen Sie sich um Sachlichkeit und geben Sie dem Leser die Chance zu einer objektiven Beurteilung. Auch kritische Punkte sollten Sie erwähnen – allerdings nicht ohne gleichzeitig Lösungsmöglichkeiten aufzuzeigen.

Regel 5: Schreiben Sie verständlich

Umfangreiche technische Details, die nur noch hochkarätige Experten nachvollziehen können, haben in einem Businessplan nichts zu suchen. In dieser Phase sind Kapitalgeber und Förderinstitutionen an solchen Informationen nicht interessiert. Vereinfachte Darstellungen und erklärende Schaubilder reichen aus. Auch belegende Dokumente wie z. B. Patentanmeldungen sind willkommen. Überprüfen Sie immer wieder, ob die technischen Informationen auch für Laien verständlich sind.

Regel 6: Gestalten Sie Ihr Dokument ordentlich

Der erste Eindruck entscheidet. Das gilt auch für Businesspläne. Denn meist sehen Investoren zuerst den Plan und erst dann die Personen dahinter. Die Praxis zeigt, dass ein Dokument, das durch wirre Überschriften- und Textformate auffällt, auch inhaltlich nicht konsequent durchdacht ist. Achten Sie daher auf eine einheitliche Schriftart und gleiche Überschriftformate. Reichern Sie den Text wo möglich und sinnvoll mit Grafiken an und erstellen Sie ein Inhaltsverzeichnis. Eine ordentliche Bindung oder Heftung ist Standard.

Regel 7: Fragen Sie Vertraute nach deren Meinung

Eine verständliche und logische Aufbereitung ist ein wesentliches Erfolgskriterium. Bitten Sie daher schon während der Planerstellung Personen Ihres Vertrauens darum, den Plan kritisch zu durchleuchten. Schwachstellen werden so schnell erkannt. Teilweise erhalten Sie schon wertvolle Tipps für das weitere Vorgehen.

Regel 8: Suchen Sie sich Hilfe

Allein kommen heute nur noch die wenigsten sehr weit. Suchen Sie deshalb frühzeitig Unterstützung bei Experten. Anlaufstellen sind hier z. B. die örtlichen Industrie- und Handelskammern, die Handwerkskammern, Steuerberater, Rechtsanwälte, Fördereinrichtungen der Kommunen und

Hochschulen. Auch Ihr Bankberater kann Ihnen weiterhelfen. (Wertvolle Hinweise finden Sie im Adressteil ab Seite 122.)

> Finger weg von Anbietern, die Ihnen den Businessplan komplett erstellen! Spätestens bei der persönlichen Präsentation des Plans fällt es auf, wenn Sie mit den Details nicht vertraut sind.

Regel 9: Stimmen Sie alle Teile aufeinander ab

Wenn das Gründerteam aus mehreren Personen besteht, ist es sinnvoll, sich die Ausarbeitung der Businessplankapitel zu teilen. Dabei sollte jeder den Abschnitt bearbeiten, der seiner Spezialisierung entspricht, d. h. der spätere Vertriebsverantwortliche schreibt etwas zum Thema Marketing und Vertrieb, der Finanzchef übernimmt das Kapitel Finanzplanung usw.

Allerdings besteht dann die Gefahr, dass die Bestandteile nicht ausreichend aufeinander abgestimmt sind. Daher sollte zum Schluss eine Person eine in sich stimmige Endfassung erstellen, damit alle Kapitel auch zusammenpassen.

Regel 10: Arbeiten Sie weiter am Plan

„Und sie dreht sich doch!" Dieses Zitat von Galileo Galilei lässt sich auch auf einen Businessplan übertragen: Er ist kein starres Gebilde. Ein Geschäftsplan muss sich entwickeln und ändert sich laufend. Anfangs ist vielleicht nur ein grobes Konzept vorhanden. Aber je mehr Sie sich mit dem Vorhaben beschäftigen, desto klarer wird es. Durch die Ausarbeitung eines Einzelaspekts muss eventuell ein anderer Baustein völlig neu überdacht werden. Vielleicht sind nun Ziele anders zu definieren. Passen Sie den Plan so lange an, bis alles ein harmonisches Ganzes ergibt. Auch wenn er fertig ist, sollten Sie ihn, vor allem am Anfang, immer wieder den Tatsachen angleichen. Überprüfen Sie Ihren fertigen Geschäftsplan nochmals anhand der folgenden Checkliste:

Checkliste: Grundregeln für Ihren Erfolg	✓
Halten Sie durch?	
Sind alle Kapitel vollständig enthalten?	
Ist Ihr Businessplan klar formuliert?	
Ist Ihr Vorhaben in allen Punkten sachlich dargestellt?	
Ist der Businessplan auch für Laien verständlich?	
Ist Ihr Geschäftsplan optisch gut aufbereitet?	
Haben Sie Ihren Plan in Diskussionen mit anderen getestet?	
Haben Sie Unterstützung und Hilfe gesucht?	
Ist der Plan in sich logisch und stimmig?	
Sind Veränderungen schon in allen Teilen eingearbeitet?	

Das können Sie von Gründern lernen

Ein guter Businessplan hilft Ihnen, Ihre Geschäftsidee umzusetzen. Eine Garantie für den Geschäftserfolg ist er aber natürlich nicht. Fehler können Sie vermeiden, indem Sie sich frühzeitig mit anderen Gründern unterhalten und sie nach ihren Erfahrungen fragen. Nutzen Sie auch die Netzwerktreffen wie Businessplanwettbewerbe oder Fördereinrichtungen sie anbieten. Viele Tipps kann man sich nicht anlesen. Sie bekommen Sie nur im persönlichen Gespräch.

Nachfolgend habe ich einige der Fehler aufgeführt, die von Gründern immer wieder gemacht werden. Allerdings kommen viele erst heraus, nachdem der Businessplan fertig ist, und müssen dann mühselig im Tagesgeschäft ausgebügelt werden. Insofern lohnt sich die Lektüre, damit Sie gewappnet sind.

Häufige Planungsmängel, die sich erst im Nachhinein zeigen

- Der zum Firmenaufbau benötigte Kapitalbedarf wird oft unterschätzt.
- Viele geben zu Beginn Geld für unnütze Dinge aus.
- Gründer scheitern, weil Schlüsselpersonen das Unternehmen in der Startphase verlassen. Bereiten Sie sich darauf vor, solche Stellen schnell wieder zu besetzen.

- Die steuerlich bedingten Zahlungsströme, vor allem das Abführen der Mehrwertsteuer, werden nicht ausreichend berücksichtigt. Eine Umsatzsteuerschuld kann schnell in die Liquiditätsfalle führen.

- Die Anlaufphase, bis erste Kunden gewonnen werden, dauert länger als geplant. Diese Startphase kann bei erklärungsbedürftigen Produkten vom ersten Kundenkontakt bis zum Abschluss teilweise mehr als neun Monate betragen.

- Der Gründer hat saisonale Flauten nicht ausreichend in seine Berechnungen einbezogen. Je nach Geschäft kann es z. B. im Sommer oder um die Weihnachtszeit zu Liquiditätsengpässen kommen. Auch wetterbedingte Unsicherheiten sind nicht zu unterschätzen.

- Die festgelegten Preise sind nicht kostendeckend. Dies kann daran liegen, dass wichtige Kostentreiber bei der Kalkulation vergessen wurden. Oder aber die am Markt zu erzielenden Preise liegen unterhalb der ursprünglichen Planung.

- Der Kunde kann beim Angebot keinen Mehrwert gegenüber den Konkurrenzprodukten erkennen. Entweder es ist kein echter Mehrnutzen vorhanden oder er wurde bisher nur unzureichend kommuniziert.

- Die Werbung erfolgt nicht zielgenau. Statt mit dem Budget wenige, aber zahlungskräftige Schlüsselkunden zu gewinnen, werden Werbemittel breit gestreut oder es wird in einen sehr kostspieligen Markenaufbau investiert.

Unerwartete Hindernisse beim Firmenaufbau

Interessant ist es auch, Gründer in einem Zeitraum von ein bis zwei Jahren nach der Gründung zu fragen:

— Welche unerwarteten Ereignisse sind eingetreten?

— Was wurde von Ihnen falsch eingeschätzt?

Auch diese Erfahrungsberichte helfen Ihnen, schon frühzeitig Hürden und Probleme im Blick zu behalten und entsprechend zu reagieren. Hier können Sie sehen, wie vielfältig die Probleme sind, die bei der Planumsetzung auf Sie zukommen können. Aber es gibt auch positive Überraschungen.

Die Liste erhebt keinen Anspruch auf Vollständigkeit. Sie ist vielmehr eine Art Querschnitt.

- Wir wurden von unserem früheren Arbeitgeber, einem großen Konzern, auf Unterlassung wettbewerbsschädigenden Verhaltens verklagt.

- Erfreulich war die kompetente Unterstützung durch die Bank. Wir wurden, für uns völlig unerwartet, mit offenen Armen empfangen.

- Schon im ersten Jahr mussten wir unseren Firmennamen ändern, da dieser für unsere Branche schon geschützt war. Das hatten wir vorher nicht geprüft. Alle Geschäftspapiere und Werbemittel neu zu erstellen verschlang unnötig Zeit und Geld.

- Da wir im Bereich der Medizintechnik tätig sind, geht für uns ohne entsprechende Zulassungen und Zusagen zur Kostenübernahme von den Krankenkassen gar nichts. Dass diese Markteintrittsbarriere so hoch ist, haben wir nicht gedacht.

- Wir haben den Vertriebsaufwand unterschätzt. Zunächst glaubten wir noch, dass wir das allein machen können. Zwischenzeitlich mussten wir aber feststellen, dass Zusatzpersonal notwendig ist.

- Wir haben einen wichtigen Schritt nach vorn gemacht, als wir einen wichtigen Meinungsführer im Markt in unseren Beirat geholt haben.

- Für uns kam es ganz bitter: Wir hatten ein von vielen Experten bescheinigtes innovatives Produkt. Wir hatten einen sauberen Businessplan. Der Markt wurde als ausreichend groß eingeschätzt. Und trotzdem haben wir keinen Finanzierungspartner gefunden. Erst mithilfe eines Business Angels konnten wir Fortschritte erzielen.

- Bei manchen öffentlichen Stellen dauerte es von der Antragstellung bis zur ersten Stellungnahme fast ein halbes Jahr.

- Wir haben völlig verkannt, wie erklärungsbedürftig unser Produkt ist. Wir dachten, das kapiert gleich jeder. Dadurch dauerte die Markteinführung erheblich länger. Das erhöhte unseren Kapitalbedarf.

- Beim Finanzamt machten uns die unterschiedlichsten Regelungen für Freiberufler sehr zu schaffen.

- Mit Entscheidungszeiträumen, vor allem bei großen Unternehmen und Konzernen, von mehr als einem Jahr hatten wir nicht gerechnet.

Die Bausteine eines guten Businessplans

Auf den nächsten Seiten erfahren Sie, was genau Sie in welchem Abschnitt des Businessplans aufführen und welche Fragen Sie beantworten sollten. Sie werden sehen: Wenn Sie Schritt für Schritt vorgehen, ist die Ausarbeitung Ihres Businessplans kein Problem. Lesen Sie

- wie Sie Ihre Unternehmensidee darstellen (Seite 36)
- wie Sie Ihr Team vorstellen (Seite 46)
- wie Sie Ihren Markt und Ihr Vertriebskonzept auf den Punkt bringen (Seite 52/61)
- wie Sie zu einer soliden Finanzplanung kommen (Seite 83)

Schritt für Schritt zum Businessplan

Im Folgenden werden Ihnen alle Elemente eines Businessplans vorgestellt. Die einzelnen Kapitel sind wie folgt aufgebaut: Nach Informationen darüber, warum der jeweilige
Punkt wichtig für Sie ist, sage ich Ihnen, was Sie alles beachten müssen und wie Sie zum besten Ergebnis kommen. In
jedem Kapitel gibt es konkret formulierte Beispieltexte für
einzelne Bausteine, die Ihnen helfen, den Sachverhalt auf
Ihre Situation zu übertragen. Die Beispiele versuchen, eine
möglichst große Bandbreite an Gründungsfällen abzudecken,
und ergeben somit bewusst keinen in sich geschlossenen
Business Case. Am Ende eines jeden Kapitels stehen dann
ganz konkrete Fragen, anhand derer Sie die Angaben in Ihrem
Businessplan nochmals überprüfen können.

> Tipp: Sofern Sie selbst einen Geschäftsplan schreiben wollen, dann über-
> nehmen Sie die acht nachfolgend erklärten Bausteine als Überschriften in
> ein Dokument. Schon ist die erste Gliederungsebene fertig.

Achten Sie darauf, dass Sie in Ihren Ausführungen alle Fragen beantworten, die für Ihr Vorhaben relevant sind. So können Sie sicher sein, dass Sie jeden Aspekt bedacht und erwähnt haben, der für Ihre Geschäftspartner und mögliche
Kapitalgeber wichtig ist. Ganz am Schluss gebe ich Ihnen
noch Hinweise, welche Fehler Sie auf jeden Fall vermeiden
sollten. Übrigens: Die Angaben in den Beispielen sind teilweise frei erfunden und sollen einen Sachverhalt konkretisieren.
Als Quelle für eigene Berechnungen sind die Zahlenangaben
nicht geeignet.

Deckblatt und Inhaltsverzeichnis

Ein eher formaler Aspekt ist es, einem Businessplan ein Deckblatt voranzustellen. Darauf sollten folgende Angaben stehen:

- Firmenname und – sofern vorhanden – das Firmenlogo
- Der oder die Namen des/der Verfasser(s)
- Firmenanschrift inklusive aller Kontaktdaten (E-Mail, Telefon, Fax)
- Das aktuelle Datum
- Eine Businessplan-Versionsnummer. (Da sich der Plan im Laufe der Zeit verändern kann, ist es wichtig zu wissen, auf welche Angaben sich ein Gesprächspartner bezieht.)
- Die Vertraulichkeitserklärung

Beispieltext Vertraulichkeitserklärung

> Bitte beachten Sie, dass diese Unterlagen streng vertraulich sind. Das bedeutet, dass weder allgemeine noch spezifische Informationen ohne schriftliches Einverständnis von *„Firmenname"* an andere weitergegeben werden dürfen. Die Unterlagen dürfen nur für die zur Bewertung notwendigen Maßnahmen verwendet werden. Copyright, alle Rechte vorbehalten, *„Firmenname"*.

Generell gilt: Informieren Sie sich über den Empfänger Ihres Businessplans und geben Sie diese Informationen nur an vertrauenswürdige Stellen heraus.

Achten Sie beim Deckblatt auf eine saubere grafische Gestaltung ohne übermäßige Schnörkel. Anschließend sollte das Inhaltsverzeichnis folgen.

> Es empfiehlt sich, das Inhaltsverzeichnis mit entsprechenden Funktionen im Textverarbeitungsprogramm automatisch zu erstellen. So werden Änderungen im Text auch gleich im Inhaltsverzeichnis angepasst.

Zusammenfassung

Der erste Baustein in einem Businessplan ist die Zusammenfassung (Executive Summary). Diese schreiben Sie allerdings erst, nachdem Sie die anderen Businessplankapitel fertig gestellt haben. Denn erst dann haben Sie alle Informationen vorliegen, sodass Sie die wichtigsten Punkte des Geschäftsplans gebündelt darstellen können. D. h., gleich zu Beginn müssen neben der Geschäftsidee alle für den potenziellen Partner wichtigen Geschäftszahlen aufgeführt sein.

Aufgabe der Zusammenfassung ist es, mögliche Kapitalgeber und Geschäftspartner kurz und prägnant über die Idee zu informieren und sie dafür zu begeistern. Gelingt dies, werden sie auch die weiteren Kapitel lesen. Denken Sie daran: Hier schaffen Sie eine Art Visitenkarte Ihres Vorhabens. Der Aufbau sollte folgender Logik folgen:

- Beschreibung der Produkt- und Geschäftsidee
- maßgebliche Erfolgsfaktoren
- wesentliche Risikofaktoren
- Ihre quantitativen Ziele

Hüten Sie sich allerdings davor, an dieser Stelle zu viele oder zu detaillierte Informationen in die Zusammenfassung zu schreiben. Wählen Sie einfache Worte, erläutern Sie Fachbegriffe, sofern sie notwendig sind, kurz. Länger als zwei bis drei Seiten sollte die Zusammenfassung nicht sein.

In diesem Businessplankapitel müssen Sie folgende Fragen beantworten:

1 Welche Geschäftsidee haben Sie?

2 Welchen Markt wollen Sie mit Ihrem Produkt/Ihrer Dienstleistung bedienen?

3 Welche Erfahrungen und Kenntnisse haben Sie oder Ihr Team, die wichtig sind, um das Vorhaben umzusetzen?

4 Wie viel Geld muss investiert werden?

5 Was haben Sie sich mittel- bis langfristig als Ziele (Umsatz, Marktanteil, ...) gesetzt?

6 Wie sollen die genannten Ziele erreicht werden?

7 Welche Faktoren machen Sie erfolgreicher als die Konkurrenz?

8 Welche Risiken sind im Rahmen der Umsetzung möglich?

Diese Fehler sollten Sie vermeiden:

- Die Geschäftsidee nicht deutlich darstellen.
- Allzu umfassende und umständliche Erläuterungen.

Produkt- und Unternehmensidee

Die Basis für Ihr Unternehmen ist eine Dienstleistungs- oder Produktidee. In diesem Kapitel schildern Sie, welchen besonderen Nutzen diese für die potenziellen Kunden bringt. Grenzen Sie sich dabei detailliert von den Angeboten Ihrer Konkurrenz ab. Außerdem sollten Sie einen Überblick über den Stand der Entwicklung und notwendige Voraussetzungen, wie z. B. patentrechtlichen Schutz oder behördliche Genehmigungen, bieten. Gliedern Sie das Kapitel wie folgt:

1 Beschreibung des Produkts/der Idee
2 USP/Wettbewerbsvorteil und -vorsprung
3 Fertigung/Produktion/Dienstleistung

Beschreibung des Produkts/der Idee

Eine innovative Produkt- oder Dienstleistungsidee ist der Ausgangspunkt für jede erfolgreiche Unternehmensgründung. Schade ist nur, dass eine Idee an sich noch keinen monetären Wert hat. Nur wenn sie auch erfolgreich in eine bestimmte Dienstleistung oder eine tatsächliche Ware umgesetzt wird, kann daraus ein wirtschaftlicher Erfolg werden.

In diesem Kapitel zeigen Sie, was das Neue an Ihrer Geschäftsidee ist. Ist es der Artikel selbst? Oder ist es die neuartige Zusammenstellung von Komponenten, die es in dieser Form noch nicht gibt? Eventuell ist das Besondere an der Idee der Zeitpunkt, zu dem eine Dienstleistung erbracht wird.

Beispiel: IKEA

Große Möbelgeschäfte gab es auch schon vor IKEA. Das Neue an der Idee war, den Kunden in die Abholung und den Möbelaufbau so mit einzubeziehen, dass die Möbel sehr günstig verkauft werden konnten. Außerdem hat IKEA die gesamte Wertschöpfungskette vom Design über die Produktion bis zum Kunden in eigener Verantwortung.

Beispiel: Handwerksbetrieb

Dass es auch im traditionellen Handwerksbereich durch die Kombination von Faktoren zu erfolgreichen Geschäftsideen kommt, zeigen die Anbieter, die die Renovierung von Bädern oder ganzen Wohnungen aus einer Hand anbieten. Die einzelnen auszuführenden Arbeiten kann jeder Kunde auch bei anderen Anbietern bekommen. Das Leistungsversprechen: „Wir kümmern uns um die komplette Renovierung. Sie müssen sich nur mit einer Person unterhalten" ist das Besondere.

Wichtig ist, dass Sie die Idee aus der Sicht Ihres zukünftigen Kunden darstellen. Wie bewältigt er ein Problem aktuell? Wie wird er es mit Ihrer Idee lösen? Wo liegt für ihn der große Vorteil?

Erklären Sie auch, wie weit Sie bei der Produktentwicklung sind. Existieren bisher nur Zeichnungen oder gibt es vielleicht schon einen Prototypen? Ist Ihr Produkt womöglich bereits marktreif? Idealerweise haben Sie dann bereits erste Pilotkunden gewinnen können. Wenn ja, sollten Sie dies ebenfalls erwähnen. Legen Sie auf jeden Fall Pläne und Entwürfe vor. Für fertige Produkte sind Fotos sehr gut geeignet. Bei Dienstleistungen sollten Sie versuchen, diese über ein Schaubild zu verdeutlichen.

> Viele Unternehmensgründer befürchten, dass Kapitalgeber ihre Idee „klauen" könnten. Keine Angst: Geldgeber wie Banken und Venture Capital Firmen sind an Beteiligungen interessiert. Würden sie Ideen verraten, würde das ihrem Ruf schaden.

Zeigen Sie Optionen auf, wie das Produkt nach der Markteinführung weiterentwickelt werden kann. Ist es in etwas abgewandelter Form womöglich auch für andere Märkte und Anwendungsbereiche geeignet?

Beispiel: Satellitennavigationssystem

> Das Navigationssystem wurde ursprünglich nur für militärische Zwecke entwickelt und eingesetzt. Inzwischen hat es über die Autonavigation den Massenmarkt erobert. Als Nächstes wurde der Markt erweitert, indem das System auf Handhelds zur Verfügung steht und nun auch Fußgängern den Weg weist.

Mögliche Geldgeber wollen wissen, welche rechtlichen Details zu beachten sind. Müssen Sie, wie beim medizinischen Einsatz, eine Zulassung für Ihr Produkt beantragen? Benötigen Sie Fremdpatente? Oft braucht es lange Zeit, bis behördliche Genehmigungen erteilt sind. Lizenzen sind teilweise sehr teuer. Daher sind diese Angaben für potenzielle Partner sehr wichtig. Außerdem ist interessant, ob Ihr Produkt patentrechtlich geschützt werden kann. Erläutern Sie, wie lange ein Konkurrent bis zur Markteinführung benötigen würde.

Beispiel: Erläuterung des technischen Vorsprungs

> Der Entwicklungsvorsprung von ERKAT beträgt – allein bei der Software – mindestens ein Jahr. Selbst wenn ein Konkurrent anfangen würde, eine ähnliche Software zu entwickeln, so hätte er Probleme, die entsprechenden Spezialisten für Prozesssoftware auf dem Markt zu finden. Außerdem ist das dann entwi-

ckelte Produkt noch nicht ausgereift und am Markt getestet. Hinzu kommt noch, dass ERKAT auch einen erheblichen Know-how-Vorsprung im allgemeinen Aufbau von Pharmaproduktionsprozessen hat. Mit den bekanntesten Experten von der Universität Erlangen besteht eine Kooperationsvereinbarung. Aufgrund der Rechtslage in Deutschland ist eine Software faktisch patentrechtlich nicht schützbar.

Exkurs: Patent und Marke

Speziell bei Firmen, deren Geschäftsmodell auf einer innovativen Technologie beruht, ist es extrem wichtig, das entsprechende Patent zu erlangen. Bei Unternehmen, die eine breite Masse von Konsumenten ansprechen, sollte auch eine Marke angemeldet werden. Das Managementteam sollte sich daher frühzeitig auch um solche Fragen kümmern.

Was ist ein Patent?

Ein Patent ist ein gewerbliches Schutzrecht, das seinem Inhaber ein negatives Verbietungsrecht einräumt. Das bedeutet, dass Dritte ohne Einwilligung des Patentinhabers den geschützten Gegenstand nicht kommerziell nutzen dürfen. Ab dem Anmeldetag beträgt die Laufzeit eines Patents maximal 20 Jahre. Prüfen Sie auch, ob Sie mit Ihrem Produkt womöglich fremde Patentrechte verletzen.

Patentieren lassen können Sie alle technischen Erfindungen. Dabei gibt es zwei Arten von Patenten:

1 Erzeugnispatente: Diese umfassen Sach- und Stoffpatente, Anordnungen, Schaltungen, Vorrichtungen und Mittel.

2 Verfahrenspatente: Das sind alle Herstellungs- und Arbeitsverfahren.

Einen Sonderfall bilden Computerprogramme. Diese sind an sich nicht patentfähig, aber es gibt in bestimmten Grenzen Ausnahmen.

Was ist eine Marke?

Marken sind Kennzeichnungsrechte, die dazu dienen, Waren und Dienstleistungen eines Unternehmens unverwechselbar zu machen. Diese Rechte entstehen durch Eintragung in das Markenverzeichnis im Markenregister beim Deutschen Patent- und Markenamt. Alle Zeichen, insbesondere Worte, Abbildungen, Buchstaben, Zahlen, Hörzeichen (z. B. die Erkennungsmelodie der Telekom) und Formen einer Verpackung können Sie sich schützen lassen. Voraussetzung: Sie sind geeignet, Waren oder Dienstleistungen einer Firma von denjenigen einer anderen zu unterscheiden.

Weitere Informationen zu diesem Thema finden Sie im Internet unter www.dpma.de.

USP/Wettbewerbsvorteil und –vorsprung

In diesem Teil des Kapitels „Produkt/Dienstleistung" stellen Sie den Kundennutzen ausführlich dar. Hierbei sollten Sie die Anforderungen, die Ihre Kunden an das Produkt haben, den Produkteigenschaften gegenüberstellen. Klären Sie, wie genau es diese Ansprüche erfüllt. Wo liegen die Stärken Ihres

Produkts, wo die Schwächen? Wie sieht das Verhältnis im Vergleich zu den Konkurrenzprodukten aus?

Versuchen Sie, die Unique Selling Proposition (USP), also das einzigartige Verkaufsversprechen, klar herauszuarbeiten. Wie kann Ihr Produkt oder Ihre Dienstleistung die Bedürfnisse der Kunden besser befriedigen als die Konkurrenz? Gibt es einen Zusatznutzen, den die Konkurrenz so nicht bieten kann?

Beispiel: Merci Schokolade

Es gibt unzählige Schokoladen auf dem Markt. Warum soll man als Konsument daher ausgerechnet Merci Schokolade kaufen? Der Geschmack allein ist es nicht. Merci Schokolade bietet dem Käufer einen Zusatznutzen, der über die Werbung suggeriert wird. Dort wird die Schokolade immer mit Situationen in Verbindung gesetzt, bei der liebe Freunde oder Verwandte mit Merci beschenkt werden. D. h. als Käufer überreicht man nicht nur Schokolade, sondern gleichzeitig auch ein Dankeschön.

Fertigung/Produktion/Dienstleistung

An diesem Punkt stellt sich erstmals die Frage, ob Sie mit der Umsetzung Ihrer Idee auch einen Gewinn erzielen können. Entscheidend ist, ob die Herstellungskosten mit den am Markt zu erzielenden Preisen in Einklang zu bringen sind. Daher ist die Darstellung, wo und wie das Produkt produziert bzw. wie eine Dienstleistung erstellt wird, von zentraler Bedeutung. Mit der Entscheidung über die Herstellung müssen Sie auch den Ressourceneinsatz, Produktqualität, Lagerung und Logistik festlegen.

Eine der wichtigsten Fragen ist dabei die nach der Fertigungstiefe. Was wollen Sie selbst produzieren und was wollen Sie von anderen Firmen zukaufen? Bestandteile, die von strategischer Bedeutung sind, sollten Sie nach Möglichkeit immer selbst herstellen. Sofern dies nicht machbar ist, versuchen Sie nur einzelne Komponenten davon nach außen zu geben, sodass Lieferanten mit diesen singulären Informationen nichts anfangen können. Die Herstellungskosten berechnen Sie nach folgendem Schema:

Lohnkosten	(Arbeitsstunden x Stundenlohn)
+ Materialaufwand	in Einkaufspreisen
+ Gemeinkostenzuschlag	sonstiger Aufwand/Lohn- und Materialkosten
= Stückkosten	

Im Detail müssen Sie in diesem Baustein Aussagen zu folgenden Punkten machen:

- Qualität: Zeigen Sie, mit welchen Maßnahmen Sie eine gleich bleibende Qualität sicherstellen wollen.

- Kapazität: Hier werden Angaben zur Produktionskapazität, zum Personalbedarf und zu den Fixkosten erwartet.

- Anlaufkosten: Geben Sie an, mit welchen Investitionen Sie am Anfang rechnen. Besonders bei Massenproduktionen sind die anfänglichen Stückkosten sehr hoch.

- Zulieferer: Schildern Sie die Situation auf dem Beschaffungsmarkt. Gibt es Zulieferer, von denen Sie abhängig sind? Sind die Beschaffungspreise stabil oder müssen Sie aufgrund von Schwankungen bei Rohstoffpreisen mit Risikoaufschlägen kalkulieren?

- Umweltschutz: Müssen gesetzliche oder behördliche Auflagen berücksichtigt werden?

- Standort: Abhängig von Ihrem Vorhaben kann die Standortwahl mehr oder weniger wichtig sein. Sind Sie auf Laufkundschaft angewiesen, muss das Geschäft verkehrsgünstig in einem Bereich mit vielen Fußgängern liegen. Eröffnen Sie eine Physiotherapie-Praxis, sollten in der Stadt oder der näheren Umgebung mehrere Orthopäden ihren Sitz haben, die Ihnen Patienten überweisen können. Wenn Sie einen Produktionsbetrieb gründen, erkundigen Sie sich zunächst, ob dies im gewählten Gebiet überhaupt zulässig ist. Auch die Nähe zu Ihren Kunden kann eine Rolle spielen, ebenso Miet- und Grundstückspreise. Womöglich bietet sich die Ansiedlung in einer bestimmten Stadt oder Region an, weil es dort besondere Fördermittel oder Gründerzentren mit vergünstigten Konditionen gibt. Als Hightech-Unternehmer sollten Sie Wert auf eine gute Forschungsinfrastruktur, Wissensnetzwerke und Personal mit entsprechender Ausbildung achten. Beweisen Sie in diesem Abschnitt, dass Sie sich mit der Standortwahl beschäftigt haben, und führen Sie alle Punkte auf, die für Ihre Entscheidung ausschlaggebend sind.

- Logistik: Legen Sie dar, wie die fertigen Produkte zu Ihren Kunden gelangen und welche Lagersysteme Sie benötigen.

Wenn Sie eine Dienstleistung anbieten, müssen Sie sich mit den meisten der eben genannten Punkte nicht beschäftigen.

Dienstleistungen kann man nicht auf Vorrat produzieren. Es ist in diesem Fall wichtiger, in diesem Kapitel darzulegen, wo die Leistung gegenüber dem Kunden erbracht wird und wie man ihre gleich bleibende Qualität sicherstellt. Da die Ressource Mensch bei ihrer Erstellung eine besondere Rolle spielt, sollten Sie auf die Themen Mitarbeiterrekrutierung, -qualifikation und -qualifizierung besonders eingehen.

Erfolgs-Check: Kapitel Produkt- und Unternehmensidee

Ein gut ausgearbeitetes Kapitel zum Thema Produkt- und Unternehmensidee beantwortet folgende Fragen:

1   Wie sieht Ihre Produkt- oder Dienstleistungsidee im Detail aus?

2   Wie ist der Entwicklungsstand bei Ihrem Produkt? Ist es noch in der Planung, erst als Prototyp erhältlich oder bereits marktreif?

3   Kann oder konnte das Produkt patentrechtlich geschützt werden? Wenn ja, welche Patente haben Sie bereits?

4   Benötigen Sie gesetzliche Genehmigungen?

5   Gibt es sonstige Vorschriften, die Ihre Geschäftsidee maßgeblich beeinflussen?

6   Wie sieht Ihr weiterer Entwicklungsplan aus? In welchem Zeitraum wollen Sie welche Abschnitte erledigt haben? Was müssen Sie an Kapital dafür einsetzen? Brauchen Sie hierfür schon Personal?

Produkt- und Unternehmensidee **45**

7 Welche Ressourcen wie Maschinen, Personen, Material, Räumlichkeiten benötigen Sie zur Herstellung bzw. Leistungserbringung?

8 Welche Qualifikation müssen Ihre Mitarbeiter haben?

9 In welchen Schritten wird Ihr Produkt hergestellt bzw. in welchen Abstufungen wird die Dienstleistung gegenüber dem Kunden erbracht?

10 Welches Dienstleistungsvolumen bzw. wie viele Produktstücke wollen Sie pro Tag/Woche/Jahr erbringen bzw. erstellen? Wie viel könnten Sie maximal leisten?

11 Wie hoch sind Ihre Produktionskosten bzw. die Erstellungskosten für die Dienstleistung?

12 Ist eine Lagerhaltung möglich und notwendig? Wenn ja, in welchem Umfang? Wie wird sie bewerkstelligt?

13 Müssen Partnerschaften (z. B. bei Einkauf, Produktion, Vertrieb) eingegangen werden? Wenn ja, welche sind dies?

14 Wie sieht Ihr Servicekonzept aus?

15 Welche Zielgruppe soll Ihre Produkt oder Ihre Dienstleistung einsetzen?

16 Welche Bedürfnisse haben Ihre Kunden?

17 Welchen Nutzen (USP) können Sie dem Kunden bieten?

18 Gibt es bereits existierende Konkurrenzprodukte und wenn ja, welche sind das?

> 19 Wie groß ist der Kundennutzen im Vergleich zu Produkt- oder Dienstleistungsfeatures der Konkurrenz? Liegt eine tabellarische Gegenüberstellung Ihres Produkts und der Konkurrenzangebote vor?

Diese Fehler sollten Sie vermeiden:

- Formulierungen verwenden, die beim Leser Spezialkenntnisse voraussetzen.
- Keine Angaben zum Angebot von Mitbewerbern machen.
- Die Kundenvorteile nicht klar darstellen.
- Die Produktpalette nicht eindeutig definieren.
- Die Herstellungskosten nicht angeben.
- Die Produktionskosten passen nicht zu den in Kapitel „Marketing und Vertrieb" genannten Preisangaben bzw. sind höher als die Preise.

Managementteam

Ohne ein gutes Managementteam kann die beste Idee nicht umgesetzt werden. Daher schauen viele Investoren bei einem Businessplan gleich nach der Zusammenfassung in das Kapitel „Managementteam". Stellen Sie sich und/oder die restliche Führungsmannschaft deshalb ausführlich vor. Denn häufig findet man in Businessplänen eine umfangreiche Darstellung des Produkts oder der Dienstleistung, aber nur spärliche Informationen über den Gründer oder das Gründerteam.

Kapitalgeber und Geschäftspartner wollen wissen, wem sie Geld geben und ob Sie als Geschäftsführer auch genügend

Kenntnisse und Erfahrungen für eine erfolgreiche Unternehmensgründung mitbringen. Verfassen Sie am besten für sich und für jeden Mitgründer oder jedes Teammitglied einen Lebenslauf. Verdeutlichen Sie, inwieweit die vorhandenen Qualifikationen für das Gründungsvorhaben wichtig sind.

Neben den fachlichen Qualifikationen spielen auch die sogenannten weichen Faktoren wie emotionale Intelligenz, Menschenkenntnis und persönliches Engagement eine große Rolle. Ein norwegischer Investor, der erfolgreich eines der heute größten Internetreisebüros mitfinanziert hat, sagte einmal: „I not invest in ideas, I invest in people." Das zeigt, wie stark eine Entscheidung eines Kapitalgebers von der oder den Persönlichkeit(en) beeinflusst wird. Stellen Sie sich und/oder Ihr Team mit allen Stärken und Schwächen vor. Sprechen Sie auch Defizite offen an und zeigen Sie Lösungen auf. So werden Sie Vertrauen gewinnen.

> „Jede erfolgreiche Firma braucht drei Personen: einen Geschäftsmann, einen Fantasten und einen verwegenen Sauhund." (Quelle unbekannt).

Fachliche Qualifikation

Im Mittelpunkt dieses Abschnitts stehen die fachlichen Qualifikationen, die für die Umsetzung Ihres Gründungsvorhabens von Bedeutung sind. Falls Sie z. B. seit Jahren als Programmierer arbeiten und sich nun mit einer eigenen Software selbstständig machen wollen, sollten Sie auf Ihre spezifischen Softwarekenntnisse hinweisen. Sofern Fähigkeiten und Kenntnisse, die Sie außerhalb der Schul- und Berufsausbildung erworben haben, für Ihr Unternehmen wichtig sind, erwähnen Sie auch diese. Wenn Sie z. B. ein neues Surfbrett entwickelt haben, ist Ihre zwölfjährige Surferfahrung sehr bedeutend.

Branchenkenntnisse

In der sehr arbeitsteiligen Welt von heute ist der Spezialisierungsgrad in den einzelnen Branchen sehr hoch. Das hat zur Folge, dass jemand ohne Branchenerfahrung sehr lange braucht, um sich zurechtzufinden, vor allem in den Bereichen Marketing und Vertrieb. Das wissen natürlich auch potenzielle Investoren. Daher sollten Sie in diesem Abschnitt darlegen, ob und wie lange Sie schon in diesem Wirtschaftszweig gearbeitet haben. Vielleicht konnten Sie auch schon wichtige Impulse setzen. Sofern Sie über Kontakte zu Entscheidern verfügen, zählen Sie diese hier ebenfalls auf. Wenn Sie an dieser Stelle keine Erfahrung vorweisen können, erläutern Sie, wie Sie diesen Umstand ausgleichen wollen. Eventuell kann ja ein anderes Managementmitglied Defizite ausgleichen.

Kaufmännisches Know-how

Auf fundiertes kaufmännisches Wissen kann kein Gründungsteam verzichten. Führen Sie an, welche Fachkenntnisse Sie in diesem Bereich haben. Kapitalgeber legen auf diesen Punkt großen Wert. Sollten Sie feststellen, dass Sie noch keine ausreichenden Kenntnisse in diesem Bereich besitzen, müssen Sie dringend handeln. Das Kapitel „Finanzplanung" (Seite 83) gibt Ihnen einen Eindruck, was bald täglich auf Sie zukommt. Über die Anforderungen klärt Sie auch gern Ihr

Bank- oder Steuerberater auf. Kaufmännische Defizite können Sie durch Weiterbildung ausgleichen. Oder noch besser: Holen Sie einen ausgewiesenen Experten ins Team. Stellen Sie Ihren Lebenslauf in Tabellenform dar, das verschafft einen schnellen Überblick über Ihre Fähigkeiten und die Ihres Teams. Ihre Tabelle kann dabei wie folgt aussehen:

Darstellung Qualifikationen Managementteam

Schulische Bildung

| von – bis | Name und Art der Schule/Universität | Erreichter Abschluss |

Berufliche Bildung

| von – bis | Firma/Branche | Erreichter Abschluss |

Berufliche Tätigkeit

| von – bis | Firma/Branche | Tätigkeitsbeschreibung |

Relevante Zusatzqualifikationen

| von – bis | Art der Qualifikation | Erfolge/Abschlüsse/Titel |

Beispiel für die Darstellung des Managementteams

Gründer 1 ist Geschäftsführer der DACO GmbH. Nach einem BWL-Studium an der FAU in Nürnberg war er in verschiedenen Positionen bei der weltweit tätigen TCK-Gruppe tätig, vor allem im Bereich IT-Marketing und Vertrieb. Als Assistent des Global Managers KMU bei der TCK baute er umfassende Kenntnisse im Bereich Unternehmensführung und -steuerung auf. Vor der Selbstständigkeit war er Inhaber einer IT-Beratungsfirma.

Gründer 1	Geboren 11. Mai 1961
Erfahrungen vor DACO:	Studium der Betriebswirtschaft an der FAU, Nürnberg, Abschluss: Dipl.-Kaufmann
	System Ingenieur, TCK
	Assistent Global Manager KMU, TCK
	Vertriebsleiter TCK, Hamburg
	Manager Service Marketing, TCK, München
	IT-Beratung
Aufgaben bei DACO:	Geschäftsführung; Marketing und Vertrieb; Finanzen

Gründer 2 verfügt über umfassende Kenntnisse bei Datenbanken und spezifisches Know-how über Programmstrukturen. Als hochqualifizierter Software-Ingenieur mit einem Abschluss in Mathematik und Softwareentwicklung arbeitet er zunächst bei der Firma Technikum als Entwicklungsmanager, dann als Projektleiter bei einem großen Internetbuchhändler. Anschließend entwickelte er als freier Consultant das CBKR-Tool, das heute von mehr als 250 Firmen weltweit eingesetzt wird. Vor der Gründung der DACO war er Abteilungsleiter „Zentrales Firmennetzwerk" bei Euro Airlines.

Gründer 2	Geboren 17. August 1965
Erfahrungen vor DACO:	Studium der Mathematik, Softwareentwicklung
	Entwicklungsmanager bei Technikum
	Projektleiter bei einem großen Internetbuchhändler
	Selbstständiger Software Consultant, Architekt des CBKR-Tools
	Abteilungsleiter des zentralen Netzwerks bei Euro Airlines
Aufgaben bei DACO:	Technik Softwareentwicklung

Organigramm/Aufbauorganisation

Zu guter Letzt stellen Sie die Aufgabenverteilung innerhalb des Teams mithilfe eines Organigramms dar. Bleiben Sie dabei realistisch und bauen Sie nicht z. B. mehr Hierarchiestufen ein als notwendig. Wichtig ist hier, dass der Leser sieht, dass jedes Teammitglied entsprechend seinem Knowhow und seinen Erfahrungen Unternehmensaufgaben wahrnimmt. Zeigen Sie, wo Sie auf externe Hilfe, etwa bei der Buchhaltung durch einen Steuerberater, setzen.

Erfolgs-Check: Kapitel Managementteam

Ein gut ausgearbeitetes Kapitel zum Thema Managementteam beantwortet folgende Fragen:

1 Welche fachliche Qualifikation besitzt das Managementteam?

2 Welche Berufserfahrung hat die Unternehmensleitung?

3 Welches waren die größten beruflichen Erfolge der Schlüsselpersonen?

4 Haben einer oder mehrere Geschäftsführer kaufmännische Erfahrung? Wenn ja, wie wurde diese erlangt?

5 Wie werden eventuell vorhandene Know-how Defizite im Gründungsteam ausgeglichen?

6 Welche Person soll welche Ressorts übernehmen?

7 Gibt es Mitarbeiter, von denen das Unternehmen aufgrund ihrer Schlüsselqualifikation abhängig ist? Wenn ja, wie wird versucht, diese Personen langfristig an das Unternehmen zu binden?

Diese Fehler sollten Sie vermeiden:

- Kein Mitglied des Managementteams hat eine ausreichende kaufmännische Qualifikation oder es wird nicht dargestellt, wie fehlendes kaufmännisches Know-how durch externe Verstärkung ausgeglichen wird.
- Die Qualifikation und Erfahrung des Managementteams passt nicht zum geplanten Geschäftsvorhaben.
- Die Lebensläufe sind nicht dargestellt.

Markt und Wettbewerb

Damit Sie sich mit Ihrem Produkt behaupten können, müssen Sie Ihre Kunden sehr genau kennen. Denn eines ist gewiss: Ohne Kunden wird Ihr Vorhaben eine Idee ohne wirtschaftlichen Erfolg bleiben. Nur wenn Ihr Angebot den Abnehmern einen größeren Nutzen bietet als das Konkurrenzprodukt, werden sie es auch kaufen. Dies bedeutet, dass Sie Ihre Wettbewerber gründlich beobachten und beurteilen müssen. Denken Sie dabei auch an Erzeugnisse, die auf den ersten Blick vielleicht gar keine Konkurrenz sind, aus Kundensicht aber sehr wohl eine Alternative zu Ihrem Produkt oder Ihrer Dienstleistung darstellen. Eine gute Marktkenntnis ist einer der entscheidenden Erfolgsfaktoren. Von folgenden Aspekten müssen Sie sich ein sehr genaues Bild machen:

1 Vom Gesamtmarkt bzw. der Branche mit den einzelnen Segmenten

2 Den Wettbewerbern und deren Angebot

3 Den Kunden und deren Marktpotenzial

Branchenanalyse

Ihr Unternehmen wird nur wachsen können, wenn entweder der Markt bzw. die Branche ausreichend groß ist oder entsprechend schnell wächst. Versuchen Sie daher, die Marktgröße zu bestimmen. Sie ergibt sich aus der Anzahl der Kunden multipliziert mit der abgesetzten Menge bzw. dem Preis pro Stück. Wagen Sie auch eine Prognose darüber, wie die künftige Entwicklung sein wird.

Beispiel für einen Softwareanbieter, der seine Lösung als Mietmodell (ASP) anbieten möchte

> Entwicklung des Application Service Providing (ASP)-Bereichs: Die Marktforscher von Datainfo prophezeien den Anbietern von Mietsoftware (ASP) einen wachsenden Markt. Zwar setzte sich die neue Angebotsform nicht so schnell durch wie anfänglich gedacht. Trotzdem soll der Umsatz von 150 Millionen Euro im Jahre 20xx auf insgesamt 2 Milliarden Euro im Jahre 20xx wachsen. Damit wird es bald in vielen Bereichen üblich sein, seine Software nicht mehr auf der Festplatte des eigenen Rechners zu speichern, sondern über einen Netzrechner Zugang dazu zu erhalten. Laut Zeitungsbericht vom 4. Mai 20xx steigen nun auch die zehn größten Softwareanbieter der Welt ebenfalls in den ASP-Markt ein. Das zeigt, wie interessant der Markt ist. Aufgrund ihrer Spezialkenntnisse kann die 3R GmbH diesen Trend nutzen, ohne die Konkurrenz der Großen fürchten zu müssen.

Die wesentlichen, das Marktgeschehen beeinflussenden Faktoren müssen Sie in diesem Baustein ebenfalls aufführen. Dies können neben neuen technologischen Entwicklungen auch Faktoren wie Umweltschutz, gesetzgeberische Initiativen, Zulassungsverfahren oder externe Faktoren wie plötzliche Krisen sein.

Beispiel: Externe Faktoren bei Gründung eines Reisebüros

Wenn Sie ein Reisebüro gründen wollen und sich dabei auf ein bestimmtes Land oder eine bestimmte Region konzentrieren, müssen Sie auch lokale Krisen in Ihre Marktbetrachtung einbeziehen. Die Realität zeigt, dass es nach Naturkatastrophen oder Gewalttaten mehr oder weniger lange dauert, bis sich die betroffenen Reisemärkte wieder erholt haben.

Als Basis für die Branchenanalyse ist es am besten, Sie beschaffen sich zunächst fundierte Informationen. Zumindest dann, wenn Sie Ihr Vorhaben auf Deutschland, ein europäisches Land oder eine andere hoch entwickelte Volkswirtschaft bezieht, werden Sie keine großen Probleme haben, entsprechendes Zahlenmaterial zu bekommen. Informationsquellen sind:

1 Internet
2 Banken
3 Behörden wie das Statistische Bundesamt
4 Fachliteratur in Form von Branchenzeitschriften
5 Marktstudien von professionellen Marktforschungsfirmen
6 Verbände und Kammern
7 Branchenverzeichnisse
8 Eigene Recherche durch Gespräche mit Marktteilnehmern
9 Eigene Zählungen und Beobachtungen

Allerdings kann es sein, dass Sie nicht exakt die Zahlen finden, die Sie benötigen, vor allem, wenn Sie Ihre Geschäftsidee in einer sehr schnelllebigen oder stark wachsenden Branche umsetzen wollen. Es ist dann Ihre Aufgabe, aus der Fülle der Informationen korrekte Schlüsse zu ziehen und mit den vorliegenden Zahlen die richtigen Hochrechnungen und Schätzungen zu erzeugen. „Ach du Schreck", werden jetzt einige denken, „ich soll schätzen". Doch keine Angst. Wenn Sie die folgenden Punkte berücksichtigen, werden Sie gute Ergebnisse erzielen.

- Bauen Sie Ihre Schätzung auf einfach zu überprüfende Zahlen auf (z. B.: Einwohnerzahl eines Landes oder einer Stadt).

- Achten Sie darauf, dass jeder Schritt Ihrer Schätzung logisch nachvollziehbar ist.

- Ziehen Sie Ersatzgrößen heran, wenn Werte unbekannt sind, die Sie für Ihre Schätzung benötigen.

- Vergleichen Sie die Angaben aus unterschiedlichen Recherchequellen.

- Überprüfen Sie die von Ihnen geschätzten Werte abschließend nochmals auf Plausibilität. Wenn Sie das Gefühl haben, dass etwas nicht stimmt, gehen Sie die einzelnen Faktoren nochmals durch. Aber hüten Sie sich davor, nach dem Motto „Was nicht passt, wird passend gemacht" zu handeln. Ein erfahrener Businessplanleser wird Ihnen schnell auf die Schliche kommen.

Ist der Markt für Ihr Vorhaben zu groß oder zu abstrakt, teilen Sie ihn in Untersegmente ein. Wichtig ist dabei, dass die Kunden innerhalb dieser Segmente möglichst homogen, diese selbst im Vergleich untereinander aber möglichst heterogen sind. Nur so können Sie Zielgruppen später auch einheitlich ansprechen. Bewegen Sie sich mit Ihrem Vorhaben im Massenmarkt für Endverbraucher, können Sie mögliche Kunden nach folgenden Faktoren einteilen:

1 Landesgrenzen, Bevölkerungsdichte
2 Alter, Geschlecht, Einkommen, Beruf, soziale Schicht
3 Produktgebrauch, Preisverhalten

Bei Vorhaben im Business to Business (B-2-B-)Markt ist es sinnvoll, diese zu segmentieren nach:

1 Firmengröße nach Umsatz, Anzahl Mitarbeiter
2 Einkaufsverhalten bezüglich Bestellgröße oder Häufigkeit

Konkurrenzanalyse

Im Rahmen der Konkurrenzanalyse müssen Sie nun den Wettbewerb genau erforschen und darstellen. Prüfen Sie zunächst, welche Produkte und Dienstleistungen von welchen Firmen als Wettbewerbsprodukte in Betracht kommen. Denken Sie auch an indirekte Konkurrenz. Beantworten Sie diese Frage immer aus der Sicht des Kunden.

Beispiel

 Angenommen, Sie wollen eine neue Buttersorte auf den Markt bringen. Dann sind natürlich alle anderen Anbieter von Butter Ihre ersten Konkurrenten. Aber auch die Produzenten von Margarine und pflanzlichen Ölen gehören zu dieser Gruppe, da viele Verbraucher Butter durch diese Produkte ersetzen. Vielleicht bietet ja gerade Ihre Butter aufgrund spezifischer Eigenschaften einen besonderen Nutzen und diese Konsumenten steigen von diesen Substituten auf Ihr Produkt um.

Bewerten Sie nun Ihre Wettbewerber anhand eines Kriterienkatalogs. Beurteilen Sie Punkte wie Umsatz, Absatz, Marktanteil, Produktpalette, Serviceleistungen, Vertriebskanäle usw. Zusätzlich sollten Sie noch eine Einschätzung zu den jeweiligen Stärken und Schwächen der Wettbewerber abgeben. Nutzen Sie dafür am besten eine tabellarische Darstellung. Die Detailtiefe sollte dabei Ihrem Vorhaben entsprechen. Zeigen Sie, welche Markteintrittsbarrieren bestehen und wie Sie diese überwinden wollen. Denken Sie daran, dass Sie womöglich durch Reaktionen Ihres Wettbewerbers auf Ihren Markteintritt in Schwierigkeiten geraten können. Das könnte z. B. dann geschehen, wenn Ihr Wettbewerbsvorteil ausschließlich in einem günstigen Preis besteht und der Mitbewerber seine Preise unter Ihre senkt, um Marktanteile zu halten.

Kundenanalyse und Zielgruppe

Nachdem Sie die Branche und den Wettbewerb allgemein dargestellt haben, erläutern Sie in diesem Abschnitt, welchen Bereich des Marktes Sie künftig bedienen wollen. Den Kundennutzen haben Sie bereits im Kapitel „Produkt- und Unternehmensidee" umrissen und die einzelnen Nutzenargumente im Vergleich zur Konkurrenz im vorherigen Abschnitt beschrieben. Schildern Sie, an welche Kundengruppe genau Sie Ihr Produkt und mit welchem Nutzenversprechen verkaufen wollen. Bei dieser Einteilung können Sie wieder mit den Kriterien arbeiteten, die Sie schon für die Branchenanalyse herangezogen haben. Nennen Sie möglichst konkrete Größen wie Marktanteil, Umsatz oder Absatz. Welche Marktchancen erwarten Sie unter welchen Bedingungen?

Sollten Sie bereits erste Test- oder Pilotkunden haben, nennen Sie diese unbedingt an dieser Stelle. Sie sind ein erstes, wichtiges Zeichen dafür, dass Abnehmer den Nutzen Ihrer Lösung erkennen.

Beispiel

Sie wollen einen Laden, z. B. ein Blumengeschäft, eröffnen, bei dem Sie auf Laufkundschaft angewiesen sind.

Als Grundlage müssen Sie zunächst die Branche analysieren. Dazu sollten Sie die durchschnittlichen Ausgaben für Blumen pro Person in Deutschland, die Einwohnerzahl im näheren Einzugsgebiet und die Kaufkraft in Ihrem Einzugsgebiet herausfinden. Anschließend analysieren Sie die Konkurrenzsituation durch andere Gärtnereien, Gartenmärkte, Blumenläden und Selbstpflückfelder.

Sofern sich der Laden nicht gerade in einer großen Fußgängerzone befindet, stellt sich die Frage, wie viel Personen wohl an einem Tag an Ihrem Geschäft vorbeilaufen. Um das herauszufinden, stellen Sie sich am besten ein paar Tage in die Nähe des geplanten Standorts und zählen per Strichliste die Personen, die vorbeilaufen. Wenn Sie dann noch aufschreiben, wie viele Personen die umliegenden Geschäfte auch betreten, haben Sie schon einen relativ guten Anhaltspunkt dafür, mit wie vielen Kunden Sie rechnen können.

Fragen Sie die Einwohner in der Umgebung danach, wie oft diese Blumen kaufen, wie viel Sie in der Regel pro Kauf ausgeben, wo Sie bisher kaufen und was der Anlass für den jeweiligen Kauf ist.

Erfolgs-Check: Kapitel Markt und Wettbewerb

Ein gut ausgearbeitetes Kapitel zum Thema Markt und Wettbewerb beantwortet folgende Fragen:

1 Wie groß sind in der Branche Gesamtumsatz und -absatz?

2 Handelt es sich um eine Wachstumsbranche? Wenn ja, wie hoch sind die geschätzten Wachstumsraten?

3 Welche die Nachfrage beeinflussenden (positive wie negative) Trends gibt es?

4 Sind noch weitere Einflussfaktoren (Politik, Sicherheitslage, Umweltschutz, allgemeines Konsumverhalten ...) für die Branche wichtig? Wenn ja, welche?

5 Wie haben sich die Preise und Kosten in den letzten Jahren entwickelt? Wie wird sich dies in Zukunft verhalten?

6 Mit welchen Markteintrittsbarrieren rechnen Sie?

7 Wie wollen Sie die bestehenden Markteintrittsbarrieren überwinden?

8 Welchen Wettbewerbsvorteil haben Sie?

9 Wer sind Ihre wichtigsten Mitbewerber und welchen Marktanteil haben diese?

10 Welche Lösungen bieten Ihre Mitbewerber an und wie unterscheiden diese sich von Ihrem Angebot?

11 Welche Kundengruppen bedient der Wettbewerber?

12 Wie sieht das Marketing Ihrer Mitbewerber aus?

13 Welche Vertriebswege nutzt Ihre Konkurrenz?

14 Wie positionieren Sie Ihr Angebot preislich im Vergleich zu Ihren Wettbewerbern?

15 Welche Kundensegmente gibt es?

16 Haben Sie schon Referenzkunden gewinnen können? Wenn ja, wie heißen diese und welche Funktionen Ihres Produkts oder Ihrer Dienstleistung sind für diese Kunden besonders wichtig?

16 Was sind die generellen Entscheidungskriterien dafür, dass Kunden sich für Ihre Lösung entscheiden?

18 Wie viele Einheiten können Sie von Ihrem Produkt oder Ihrer Dienstleistung absetzen? Wie wird sich das in Zukunft entwickeln?

19 Welchen Marktanteil wollen Sie erreichen?

Diese Fehler sollten Sie vermeiden:

- Das Marktpotenzial ist übertrieben positiv dargestellt.

- Die Punkte Branche, Wettbewerb und Kunden wurden in der Darstellung vermischt.

- Die Angaben zu Wettbewerbern fehlen.

- Es ist kein Wettbewerbsvorteil erkennbar.

- Ihr gesamtes Vorhaben ist langfristig von nur einem Dutzend Kunden abhängig.

- Sie haben Ihre Zielgruppe nicht genau definiert.
- Sie stützen Ihre Aussagen nicht durch entsprechende Zahlen, Schätzungen und Hochrechnungen zu Markt, Wettbewerbern und Kundenpotenzial.

Marketing und Vertrieb

Zentrale Aufgabe des Marketings ist es, Kundenbedürfnisse zu erkennen und ein dazu passendes Angebot bereitzustellen. Damit ist Marketing weit mehr als nur Werbung. Es fasst alle Maßnahmen zusammen, die ergriffen werden, damit die in der Zielgruppe definierten Personen oder Firmen auf das Angebot aufmerksam werden und es letztlich erwerben. Das Kapitel „Marketing und Vertrieb" ist daher einer der zentralen Bestandteile Ihres Businessplans.

Nach der Darstellung der Markteintrittsstrategie müssen Sie Ihre Marketingstrategie erläutern. Nehmen Sie dabei Bezug auf Ihre Markt- und Konkurrenzanalyse im Kapitel „Markt und Wettbewerb". Daran anschließend verdeutlichen Sie Ihre konkreten Maßnahmen anhand des Marketing-Mix.

Markteintrittsstrategie

Jeder Markt hat seine festen Strukturen. Um sich erfolgreich in diese einzufügen oder sie gar aufzubrechen, müssen Sie als Neuling größere Anstrengungen unternehmen als etablierte Firmen. Im Rahmen der Markteintrittsstrategie zeigen Sie, wie Sie Ihr Unternehmen, Ihr Produkt oder Ihre Dienstleistung in den Markt einführen und dort etablieren wollen.

Überlegen Sie dabei genau, welches Ihre kritischen Erfolgsfaktoren sind. Wenn Sie z. B. ein Massenhersteller sind und schnell viele Kunden gewinnen müssen, um die Produktionskostenvorteile zu nutzen, planen Sie eine breit angelegte Werbekampagne. Vertreiben Sie ein eher erklärungsbedürftiges Produkt, ist es wichtig, bedeutende Pilotkunden zu gewinnen, um Referenzanwendungen vorweisen zu können.

Beispiel für die Formulierung einer Markteintrittsstrategie

Die Markteintrittsstrategie von QRQ AG besteht aus zwei Phasen.

Phase 1 = Jahr 20xx

Ziel der ersten Phase im Jahr 20xx war vor allem, für unser Verfahren Pilotanwender zu gewinnen und es somit einem ersten größeren Praxistest zu unterziehen. Es ist uns gelungen, das Verfahren bei fünf Pilotanwendern in Einsatz zu bringen. Außerdem war geplant, das Kontaktnetzwerk sowohl zu wichtigen Meinungsbildnern als auch zu potenziellen Vertriebspartnern weiter auszubauen. Wie die Besetzung des wissenschaftlichen Beirats zeigt, ist auch hier das Ziel erreicht worden.

Phase 2 = ab Januar 20xx

Die zweite Phase, die im Januar 20xx beginnt, steht ganz im Zeichen des Marketings. So startet die unter Marketing-Mix beschriebene breit angelegte Kampagne. Außerdem werden wir erhebliche personelle und finanzielle Ressourcen in die Gewinnung von großen Referenzkunden in den einzelnen Kundensegmenten lenken.

Die Kundengruppenclusterung, also die Aufteilung in zwei Hauptzielgruppen, haben wir bereits an anderer Stelle näher dargestellt. Daraus abgeleitet wurden entsprechende Zielkunden für jedes Segment definiert, die wir als Erstes angehen werden. Teilweise fand die Ansprache bereits statt. Wo dies noch nicht der Fall ist, wird es im 1. Quartal 20xx. nachgeholt.

Erklären Sie, wie Sie langfristige Lieferbeziehungen und Kundengewohnheiten aufbrechen wollen. Eine Möglichkeit kann sein, anfangs Ihre Ware oder Dienstleistung zu einem sehr niedrigen Preis anzubieten. Oder vielleicht bieten Sie zu Beginn einen kostenlosen Service an.

Beachten Sie, dass in manchen Branchen die Leitmessen, die für die Markteinführung entscheidend sind, nur alle zwei bis drei Jahre stattfinden. Oft ordern spezialisierte Händler ihre Waren schon weit vor dem eigentlichen Anlass. Was zu Weihnachten in den Regalen steht, entscheidet sich in vielen Fällen schon im Frühjahr.

Auch Ihre Werbung wird zum Zeitpunkt Ihres Markteintritts eine andere sein als in künftigen Phasen. Denn zunächst heißt es ja Neukunden gewinnen, während Sie später vermehrt in die Kundenbindung investieren.

Marketingstrategie

Im Rahmen Ihrer Marketingstrategie legen Sie die langfristige Ausrichtung Ihres Angebots fest. Als Basis dienen die Ergebnisse Ihrer Markt- und Wettbewerbsanalyse aus dem vorherigen Kapitel. Beide Punkte müssen zueinander passen.

Über Ihre Marketingstrategie erfährt der Businessplanleser, ob Sie sich z. B. mit einem qualitativ hochwertigen Produkt auf eine sehr anspruchsvolle Kundengruppe spezialisieren oder ob Sie sich durch einen in der Branche bisher einmaligen Service profilieren wollen. In diesem Fall wählen Sie die sogenannte Abschöpfungsstrategie. Sofern Sie allerdings preisaggressiv an den Markt gehen, d. h., mit einem niedrigen Preis versuchen, möglichst viele Einheiten Ihres Produkts oder Ihrer Dienstleistung zu verkaufen, entscheiden Sie sich für eine Penetrationsstrategie.

Beachten Sie die Folgen Ihrer Preisstrategie

Egal, für welches Preisstrategie Sie sich entscheiden: Es hat Auswirkungen auf viele andere Bereiche Ihres Vorhabens. Hohe Preise und gute Qualität verlängern eventuell den Entscheidungszeitraum Ihrer Kunden. Auch die Erwartungen an die Mitarbeiter, den Service oder das Design sind in diesem Fall groß. Eine aggressive Vorgehensweise hingegen provoziert vielleicht Ihre Wettbewerber. Fragen Sie sich, ob Sie darauf reagieren und einen Preiskampf verkraften können. Wenn Sie eine Strategie ausgearbeitet haben, überprüfen Sie immer die Auswirkungen auf Ihre Finanzplanung, die Produktbeschaffenheit und das im Marketing-Mix festgelegte operative Marketing.

Bleiben Sie unabhängig von Ihrer Strategie realistisch. Utopische Marketingpläne verursachen hohe Kosten und bringen meist doch enttäuschend wenig Kunden. Viele Firmen aus der New Economy haben vor gar nicht allzu langer Zeit traurige Beispiele dafür geliefert. Gute Ideen und ausgefallene Ansätze sind wichtiger als viel Geld - das den meisten Jungunternehmern im Übrigen ohnehin nicht zur Verfügung steht.

Marketing–Mix

Sobald Sie Ihre Marketingstrategie definiert haben, können Sie auf dieser Basis konkrete Aussagen zum sogenannten Marketing-Mix treffen, also

- zum Produkt oder zur Dienstleistung (Qualität, Service, Menge, Design, Verpackungsgestaltung, Beratung),
- zum Preis (Preis, Preisstaffel, Rabatt, Boni, Zahlungsfristen, Sonderangebote),
- zum Vertrieb (Vertriebskanäle, direkter oder indirekter Vertrieb, Versandwege, Standort),
- zur Werbung (Werbeaussagen, Werbebudget, Werbeplanung, Pressearbeit, Werbemittel, Medien).

> Die vier Bereiche des Marketing-Mix werden oft auch die „4 Ps" genannt, nach den Anfangsbuchstaben der englischen Wörter: Produkt (Product), Preis (Price), Vertrieb (Place) und Werbung (Promotion).

Das Produkt – so sieht es konkret aus

Im Kapitel „Produkt- und Geschäftsidee" haben Sie ja bereits die wesentlichen Aussagen zu Ihrem Produkt oder Ihrer Dienstleistung gemacht. An dieser Stelle ergänzen Sie die noch fehlenden Teile. Fragen Sie sich, ob es notwendig ist, Produktvariationen herzustellen. Besonders am Anfang sollten Sie möglichst wenige Versionen anbieten und sich auf die Bedürfnisse einer einzigen Zielgruppe beschränken. Das spart viel Kommunikationsaufwand. Eine breite Produktpalette können Sie dann in den nächsten Wachstumsstufen vorsehen.

Erläutern Sie an dieser Stelle auch Ihr Servicekonzept. Welche Schulungen, Kundendienstleistungen, über die gesetzlichen Verpflichtungen hinausgehende Gewährleistungen oder sonstige, die Kaufentscheidung der Kunden positiv beeinflussende Faktoren haben Sie geplant? Machen Sie wenn möglich auch Aussagen zur Qualität. Wie lange soll Ihr Produkt halten? Können Sie sicherstellen, dass Ihre Kunden die Qualität überhaupt wahrnehmen und bereit sind, dafür tiefer in die Tasche zu greifen? Ist es vielleicht sinnvoll, eine günstigere, qualitativ einfachere Variante anzubieten?

Der Preis – wie viel wollen Sie für Ihr Produkt haben?

Den richtigen Preis für sein Produkt zu finden, ist schwieriger, als es auf den ersten Blick scheint. Sie können ihn natürlich ermitteln, indem Sie auf Ihre Gesamtkosten pro Produkt eine Gewinnmarge aufschlagen und das Ergebnis dann als Produktpreis bestimmen. Damit sind Sie zumindest schon mal auf dem richtigen Weg. Den am Markt maximal durchsetzbaren Preis werden Sie auf diese Weise aber nicht unbedingt erzielen. Denn Basis für die Festlegung muss immer die Überlegung sein, was potenzielle Kunden denn für das Produkt oder die Dienstleistung bezahlen würden. Um auf den richtigen Preis zu kommen, müssen Sie diesen daher erst von mehreren Seiten beleuchten:

- Berechnen Sie alle in Ihrem Unternehmen anfallenden Kosten und teilen Sie sie durch die Anzahl Ihrer produzierten Produkte bzw. Dienstleistungseinheiten. Damit haben

Sie die Stückkosten, die absolute, kurzfristige Preisuntergrenze. Wenn Sie langfristig unter diesem Preis verkaufen (müssen), ist Ihr Geschäftsmodell massiv gefährdet. Sie können darauf nur mit Kostensenkungen reagieren.

- Ermitteln Sie, welchen Preis Ihre Konkurrenten für vergleichbare Leistungen verlangen.

- Recherchieren Sie, welche (Handels-)Margen und Aufschläge in Ihrer Branche üblich sind.

- Bewerten Sie, wie viel Mehrnutzen Sie Ihren Kunden bieten und welchen Preisaufschlag Sie dafür verlangen können.

- Gleichen Sie diese Überlegungen mit Ihrer geplanten Marketingstrategie (Abschöpfung oder Penetration) ab.

- Legen Sie auf der Basis dieser Faktoren einen Preis oberhalb der Preisuntergrenze fest, von dem Sie glauben, dass er marktgerecht ist. Wenn Sie feststellen, dass Sie unterhalb der Preisuntergrenze anbieten müssen, ist es dringend an der Zeit, Ihre Kostensituation zu ändern.

- Testen Sie diesen Preis, indem Sie ihn bei ausgewählten Kunden nach ausführlicher Nutzenargumentation für Ihr Produkt oder Ihre Dienstleistung verlangen.

- Passen Sie den Preis nach oben oder unten an. Kalkulieren Sie alles nochmals durch. Wenn Kunden gar nicht oder nur wenig über den Preis verhandeln und trotzdem bei Ihnen kaufen, kann dies ein Hinweis dafür sein, dass es noch einen Spielraum nach oben gibt.

> Hersteller von Computerdruckern bieten die Drucker in der Regel extrem günstig an. Dafür sind aber die Druckerpatronen mit hohen Margen belegt und daher relativ teuer.

Ob es letztlich richtig ist, mehr oder weniger für sein Produkt oder seine Dienstleistung zu verlangen, kann Ihnen niemand sagen. Die Entscheidung liegt bei Ihnen. Es gibt aber Hinweise, die für hohe oder niedrige Preise sprechen.

Indizien, die für höhere Produktpreise sprechen:

- Kunden sind oft bereit, für ein neuartiges Produkt, mit dem sie Kosten senken können oder das einen zusätzlichen Nutzen bringt, mehr zu bezahlen. Kurze Lieferzeiten, viel Flexibilität oder pünktliche Lieferung werden ebenfalls oft mit der Möglichkeit eines Preisaufschlags belohnt.

- Patentgeschützte Innovationen bringen Sie für kurze Zeit in eine Art Monopolposition. Dann können Sie zumindest befristet einen höheren Preis verlangen.

- Bei manchen Produkten wird ein hoher Preis mit hoher Produktqualität gleichgesetzt.

Höhere Einzelpreise bieten zudem eine größere Möglichkeit der Preisdifferenzierung. Damit können Sie z. B. bei Mengenabnahmen größere Preisnachlässe zu geben. Argumente, die für niedrigere Produktpreise sprechen:

- Niedrige Anfangspreise führen recht bald zu hohen Absatzzahlen und damit zu einem großen Marktanteil.

Marketing und Vertrieb

- Sofern Sie bei Ihrer Produktion hohe Fixkosten haben, können Sie diese bei einem niedrigen Produktpreis und damit hohen Absatzzahlen auf viele Produkte umlegen.

Im Softwarebereich ist es oft wichtig, schnell Standards zu setzen. Dies gelingt z. B., wenn man wie Adobe einen Programmteil, hier den Acrobat Reader, kostenlos zur Verfügung stellt.

> Bei innovativen Produkten wird die Bedeutung des Preises als wichtigstes Verkaufsargument oft überschätzt. Bei einem klaren Nutzen und hoher Produktqualität bezahlen die Kunden auch einen höheren Preis.

Bei Dienstleistungen sind die fehlende Lagerfähigkeit und Nachfragespitzen zu Stoßzeiten wichtige Faktoren. Beides sollten Sie in Ihrem Preismodell berücksichtigen. So können Sie als Friseur z. B. den Haarschnitt um die ruhige Mittagszeit günstiger anbieten als am stark frequentierten Samstag.

Egal, für welche Preisvariante Sie sich entscheiden, Sie müssen sie in diesem Baustein ausführlich darstellen. Nennen Sie die Gründe, warum Sie sich für ein bestimmtes Modell entschieden haben, ob und wenn ja, in welchem Fall Sie Rabatte, Boni oder Sonderkonditionen einräumen. Gewähren Sie Ihren Abnehmern Zahlungsziele? Auf welche Arten können Ihre Kunden aus dem Konsumbereich oder diejenigen, die über das Internet bestellen, bezahlen? Arbeiten Sie zu bestimmten Zeiten oder Anlässen mit Sonderangeboten? Bieten Sie Produktteile oder Dienstleistungen kostenlos an, um damit Nachfrage nach dem Hauptprodukt zu erzeugen?

Beispiel für eine Darstellung des Preismodells

Easyrent bietet seinen Kunden Büromöbel nicht zum Kauf, sondern zur Miete an. Entsprechend ist auch das Preismodell aufgebaut. Die Preise richten sich zum einen nach der Vertragslaufzeit, zum anderen nach der Anzahl der Bürosets. Ein Set besteht immer aus einem Standardpaket an Büromöbeln. Zusatzmöbel werden gesondert berechnet. Je mehr Sets der Kunde mietet und je länger er sich vertraglich bindet, umso günstiger wird der Easyrent Service, denn lange Vertragslaufzeiten und hohe Büroset-Zahlen wirken sich günstig auf Einkaufkonditionen und die Akquisitionskosten aus. Nachfolgend ist das Preismodell als Tabelle dargestellt.

Vertrags-laufzeit:	3 Jahre	5 Jahre	7 Jahre
Büroset-Klasse:	Pro Jahr und Büroset	Pro Jahr und Büroset	Pro Jahr und Büroset
< 5	150 €	140 €	130 €
< 10	140 €	130 €	120 €
< 20	130 €	120 €	110 €
< 50	120 €	110 €	100 €
> 50	90 €	80 €	70 €

Der Vertriebsweg – wie kommt Ihre Ware zum Kunden?

In diesem Teil des Kapitels „Marketing und Vertrieb" erklären Sie detailliert, wie Sie Ihre Produkte oder Ihre Dienstleistung an den Kunden liefern. Vertriebsprozess und -wege müssen ebenso deutlich werden wie die Organisation, die Anzahl und Qualifikation Ihrer Mitarbeiter.

Die Festlegung des Vertriebswegs ist nicht trivial – bei manchen Geschäftsmodellen ist das sogar der entscheidende Unterschied zur Konkurrenz. Außerdem kann diese Entscheidung erhebliche Kosten mit sich bringen – z. B. beim Eigenvertrieb über angestellte Vertreter. Dafür sprechen allerdings der direkte Zugang zum Kunden und die schnellen Reaktions- und Feedbackmöglichkeiten. Darum wählen vor allem viele Unternehmen mit beratungsintensiven Produkten und Dienstleistungen diesen Weg. Ein Händlervertrieb wiederum hat erhebliche Auswirkungen auf Ihre Preispolitik, da Sie hier entsprechende Spannen einkalkulieren müssen.

Die Entscheidung für einen Vertriebsweg prägt eine Firma immer langfristig. Insofern lohnt es sich, über mögliche Vertriebskanäle nachzudenken und die Vor- und Nachteile genau abzuwägen:

- Internet: Dieses Medium gehört zu denjenigen, die sich derzeit am schnellsten entwickeln. Es hat bereits die Vertriebskanäle unterschiedlichster Branchen (z. B. Bücher, Reisen) stark beeinflusst. Prüfen Sie genau, ob Ihr Produkt für den Onlinevertrieb geeignet ist. Es gilt die Faustregel: Je erklärungsbedürftiger ein Artikel ist, desto weniger eignet er sich für den reinen Internetvertrieb.

- Großhandel/Einzelhandel: Bei einem Vertrieb über Handelspartner kann man mit nur wenigen zentralen Kontakten einen breiten Marktzugang bekommen. Doch auch Händler achten darauf, welche Produkte sich gut verkaufen und gute Margen erzielen. Sie müssen daher zunächst Überzeugungsarbeit leisten.

- Handelsvertreter: Spezialisierte Firmen oder Einzelpersonen übernehmen den Vertrieb Ihres Produkts. Dieser Kanal ist gut für erklärungsbedürftige Artikel geeignet. Die Fixkosten sind meist gering, da nur bei erfolgreichem Abschluss eine Provision bezahlt wird.

- Eigene Vertriebsmitarbeiter: Wenn Sie einen direkten Zugang zum Kunden wünschen und gute Produktkenntnisse erforderlich sind, um einen Abschluss zu erzielen, sollten Sie eigene Vertriebsmitarbeiter einstellen. Der Aufbau einer erfolgreichen Mannschaft ist aber unter Umständen langwierig und relativ teuer.

- Franchising: Hier wird das komplette Geschäftssystem gegen eine Lizenzgebühr an andere Partner übergeben. Diese führen es dann auf der Grundlage strenger Vorgaben eigenständig aus. Damit erreichen Sie ein schnelles Wachstum bei geringen Investitionen.

- Direktmarketing oder Katalogvertrieb: Bei diesem Vertriebsweg schicken Sie Ihren Zielkunden entsprechende schriftliche Unterlagen. Die Kunden bestellen direkt – entweder über Antwortkarten, per Fax oder auch über ein Callcenter. So können Sie erklärungsarme Produkte schnell am Markt platzieren.

- Eigene Verkaufsstellen: Einen Laden sollten Sie dann wählen, wenn das Einkaufserlebnis wichtig ist oder Sie direkten Zugang zum Kunden wünschen. Der Aufbau ist relativ teuer. Geschäfte lohnen sich nur, wenn die Kundenfrequenz angemessen ist.

Beispiel für die Formulierung eines Vertriebskonzepts

Vertriebsziele
Die 4P GmbH vertreibt die Lösung hauptsächlich über eine eigene Vertriebsmannschaft. Dabei muss ein entsprechender Vertriebstrichter berücksichtigt werden, d. h. von 15 Kunden, bei denen eine Präsentation stattfindet, wird zunächst nur einer abschließen. Dies ist die Basis, um die auf der nächsten Seite dargestellten Vertriebsziele zu erreichen.

Wie aus der Tabelle ersichtlich ist, plant 4P GmbH im Jahr 20xx zehn Großunternehmen und 30 Mittelständler der Automobilzulieferindustrie unter Vertrag zu haben. Im darauf folgenden Jahr sollen weitere 20 Großunternehmen und 70 Mittelständler dazukommen.

Vertriebspartnerschaften
Eine weitere Säule des Vertriebs ist der Aufbau von Vertriebspartnerschaften. Die 4P GmbH sucht gezielt nach Unternehmen, die mit Zielkunden schon in einer Geschäftsbeziehung stehen, für die die Lösung von 4P aber keine Konkurrenz darstellt.

Die Werbung – wie erfahren die Kunden von Ihnen?

Welche Werbung Sie betreiben, hängt natürlich wesentlich von Ihrem Produkt und Ihrer Zielgruppe ab. So können Sie für ein Massenprodukt Anzeigen und Spots in den Massenmedien, d. h. Fernsehen, Radio oder Zeitung und Zeitschriften schalten. Bei lokal interessanten Angeboten sollten Sie die Medien vor Ort bevorzugen. Bei sehr speziellen Angeboten für Firmenkunden kann ein Mailing, ein Newsletter oder die Messeteilnahme sinnvoll sein. Man unterscheidet im Wesentlichen folgende Werbekategorien:

- Klassische Werbung: Schaltung von Anzeigen oder Spots in Zeitungen, Zeitschriften, TV oder Radio.

- Verkaufsförderung: Werbung am Ort des Produktverkaufs z. B. auf Messen über Werbegeschenke, Displays, Warenproben, Informationsveranstaltungen.

- Öffentlichkeitsarbeit: möglichst positive Erwähnung in den Medien durch kontinuierliche Information über das Unternehmen und die Produkte.

- Persönlicher Verkauf: Unterstützt durch Werbemittel wie z. B. Broschüren und Präsentationen berät ein Verkäufer die Kunden direkt.

Achten Sie darauf, Ihre Werbung gezielt zu platzieren. Es bringt Ihnen nicht viel, wenn Sie eine Software herstellen, die für 400 Pharmahersteller interessant ist, Ihr Angebot aber über Fernsehwerbung 80 Millionen Menschen bekannt machen. Halten Sie sich an die Frage: Wer (Ihre Firma) sagt was (Werbebotschaft) zu wem (Zielgruppe) über welchen Kanal (Medium) mit welchem Erfolg (Werbeerfolg)?

Halbjährlich aktualisierte Preise und Daten zur Kalkulation von Werbeetats liefert der Etat-Kalkulator. Er enthält alle notwendigen Angaben zur überschlägigen Werbekostenberechnung von den Anzeigenpreisen über Texterhonorare bis hin zur Internetwerbung. www.ccvision.de/de/etat-kalkulator.

Ziel Ihrer Werbung muss sein, den einzigartigen Nutzen Ihres Produkts für die Zielgruppe darzustellen. Kreativität ist gefordert, vor allem dann, wenn Sie mit begrenzten Mitteln große Wirkung erzielen wollen. Vielleicht fällt Ihnen ja eine ausgefallene (legale) Aktion ein, die Ihnen viel Presseaufmerksamkeit und damit quasi kostenlose Werbung bringt. Ausgewählte Kostenbeispiele zeigt die nachfolgende Tabelle:

Medium	Werbemittel	Gesamt-kontakte oder Auflage	Gesamt-kosten (Agentur und Pro-duktion)
Geschäfts-drucksache	Brief, Fax, Rechnung, Versandhülle, Visitenkarten	2.000 Stück	4.000 €
Prospekt	8-seitig, DIN A4, 4-farbig, Papierstärke: 135g/qm	10.000 Stück	8.000 €
Direktmail	Anschreiben DIN A4, Flyer DIN A4, Antwortkarte DIN A6, Versandhülle DIN lang	30.000 Stück	10.000 €
Fachzeit-schrift Mo-torradhänd-ler	Anzeige ganzseitig, 4-farbig	11.000 Auflage	3.000 €
Such-maschine	Google AdWords	beliebig, aber limitierbar	0,05 € pro Klick

Quelle: Etat-Kalkulator, creativ collection Verlag, www.ccvision.de

In diesem Abschnitt zeigen Sie, wie Ihre potenziellen Kunden auf Ihr Produkt oder Ihre Dienstleistung aufmerksam werden sollen. Formulieren Sie Ihre Werbeziele. Stellen Sie einen detaillierten Plan auf, aus dem hervorgeht, was Sie wann machen wollen. Definieren Sie Ihr Werbebudget und zeigen Sie die genaue Verwendung.

Beispiel für Kapitel Werbung und Verkaufsförderung

Die Maßnahmen starten mit Beginn des Jahres 20xx. Vorbereitend haben wir umfangreiche Unternehmens- und Produktdarstellungen in Auftrag gegeben, die von einer Stuttgarter Agentur bis Ende Januar 20xx umgesetzt werden.

Der Infoflyer ist eine Art „große Visitenkarte". Hier werden das Unternehmen und die Dienstleistung kurz beschreiben. Die Imagebroschüre dient dazu, Interessenten einen Eindruck über die Rentsch AG und die Personen, die dahinter stehen, zu vermitteln. Die Produktbroschüre beschreibt die Dienstleistung von Rentsch.

Schwerpunkte im Rahmen der Werbung und Verkaufsförderung für das Jahr 20xx bilden folgende Maßnahmen:

Public Relations (PR Arbeit)

Wichtig ist im Rahmen der PR, dass Rentsch in Titeln erscheint, die von den Entscheidungsträgern bei den Zielkunden gelesen werden. Die richtige Auswahl zu treffen und dieses Konzept umzusetzen, ist Aufgabe der beauftragten Agentur. Ein Briefing haben wir bereits erarbeitet.

Direktmarketingmaßnahmen

Die Rentsch AG verfügt über eine umfangreiche Kundendatenbank, die wir in den letzten Monaten der Vorbereitung selbst aufgebaut haben. An die gesamte Zielgruppe oder an Teile davon werden ab Januar monatlich Mailings sowohl online als auch offline verschickt. Bei den Zielpersonen soll ein so großes Interesse an der Rentsch AG und dem Produkt geweckt werden, dass sie einen Präsentationstermin wünschen. Ein Direktverkauf über Mailings ist bei der Komplexität der Leistung nicht möglich. Sofern bestimmte Anlässe wie Veranstaltungen oder eine Messeteilnahme anstehen, wird in den Mailings darauf hingewiesen bzw. es werden Einladungen versandt.

Veranstaltungen

Rentsch wird auf der Hannover-Industriemesse vertreten sein. Außerdem werden vier eigene Veranstaltungen im Jahr durchgeführt, bei denen wir mit Entscheidern aus den Unternehmen

Marketing und Vertrieb

in Kontakt kommen wollen. Zwei der Events finden am Abend statt. Ein bekannter Redner wird zu einem für die Zielkunden interessanten Thema sprechen. Eine kurze Begrüßung wird Rentsch nutzen, um auf das eigene Produkt aufmerksam zu machen. Im Vortragsraum steht zudem ein Prototyp. Bei den beiden anderen Veranstaltungen handelt es sich um Seminare zum Thema „Produktion im Jahr 20xx". Sie werden zusammen mit Experten aus dem wissenschaftlichen Beirat durchgeführt werden. Auch sie dienen der Kontaktanbahnung.

Webauftritt

Die Rentsch AG war bisher zwar schon im Web präsent, aber bemüht, online nicht zu viel über das neue Produkt und das Unternehmen auszusagen. Damit sollte verhindert werden, dass noch vor dem Abschluss des Patentverfahrens Wettbewerber auf den Plan gerufen werden. Dies ist bisher gelungen. Im Rahmen der Marketingoffensive im Jahr 20xx wird der Webauftritt einem kompletten Relaunch unterzogen und anschließend aktuellem Standard entsprechen.

Aktionen im Jahr 20xx	Zeitrahmen	Etatmittel in T€
PR	ganzjährig	40
Anfertigen und Versenden einer Basis-pressemappe		
Erstellen von Pressemitteilungen		
Veröffentlichungen in zielgruppen-spezifischen Medien		
Direktmarketingmaßnahmen	pro Monat ein Mailing	50
Erstellen von zielgruppenspezifischen Brief-Mailings		
Versand an den Verteiler		
anlassbezogene Mailings z. B. zur Einladung auf Messen oder Veranstaltungen		

Aktionen im Jahr 20xx	Zeitrahmen	Etatmittel in T€
Erstellung und Versand von Online-Mailings		
Veranstaltungen/Messen		80
Produktpräsentation in Stuttgart	Februar	
Produktpräsentation auf der Hannover-Messe	April	
Seminar zum Thema „Produktion im Jahr 20xx" zusammen mit Mitgliedern des wissenschaftlichen Beirats	Mai	
Produktpräsentation in Frankfurt	Juni	
Seminar „Produktion im Jahr 20xx" zusammen mit dem wissenschaftlichen Beirat	September	
Produktpräsentation in Köln	November	
Webauftritt	ganzjährig	20
SUMME Werbeetat:		190

Erfolgs-Check: Kapitel Marketing und Vertrieb

Ein gut ausgearbeitetes Kapitel zum Thema Marketing und Vertrieb beantwortet folgende Fragen:

1. Wie sieht Ihre Markteintrittsstrategie aus?

2. Was sind dabei Ihre konkreten Schritte und wie sieht der entsprechende Zeitplan aus?

3. Welche Marketingstrategie haben Sie warum gewählt?

4. Welchen Preis legen Sie für Ihr Produkt oder Ihre Dienstleistung fest?

5. Räumen Sie Ihren Kunden besondere Zahlungsbedingungen (Rabatte, Zahlungsfristen, Boni) ein?

6 Über welchen Vertriebsweg wollen Sie Ihre Lösung verkaufen? Wie ist der Vertriebsprozess?

7 Müssen Sie eine Handelsspanne für bestimmte Vertriebskanäle einkalkulieren? Wenn ja, wie hoch ist diese?

8 Wie viele Produkte oder Dienstleistungen wollen Sie in einem bestimmten Zeitraum absetzen?

9 Welches Personal benötigen Sie für den Vertrieb?

10 Wie hoch sind die Vertriebs- und Marketingausgaben?

11 Wie sieht Ihre Werbeplanung aus?

12 Was wollen Sie wann, mit welchem Werbemittel, mit wie viel Budget erreichen?

Diese Fehler sollten Sie vermeiden:

- Die Markteintrittsstrategie nicht ausreichend darstellen.
- Die gewählten Vertriebswege passen nicht zum Produkt oder zur Dienstleistung.
- Die festgelegten Preise stimmen nicht mit den Angaben und Kalkulationen in anderen Kapiteln überein.
- Der Preis ist nicht angemessen, d. h. er lässt sich am Markt nicht durchsetzen oder er ist trotz hoher Innovationskraft des Produkts zu niedrig gewählt.
- Es ist keine Werbeplanung erstellt worden.
- Die Werbekosten sind zu gering kalkuliert.
- Die Werbung ist zu breit angelegt.

Unternehmensform

In diesem Kapitel geht es um den Firmennamen, die Rechts-form und die Gesellschafterstruktur.

Firmenname

Lassen Sie sich bei der Auswahl Ihres Firmennamens Zeit und gehen Sie mit Bedacht vor. Zum einen müssen Sie hierbei rechtliche Aspekte beachten und zum anderen spart ein gut gewählter Name langfristig sehr viel Geld, das Sie sonst in den Marketingetat stecken müssen. Beide Aspekte sollten Sie in diesem Kapitel kurz darstellen.

Den Namen sollten Sie wenn möglich nach der Gründung nicht mehr ändern. Eine gut eingeführte Bezeichnung stellt an sich schon einen Firmenwert dar. Bei häufigen Änderun-gen wird es viel schwieriger, Firma und Produkt bekannt zu machen. Wenn Sie die folgenden Punkte bei der Namenswahl bedenken, dann sind Sie auf einem guten Weg:

- Um Ihren Werbeetat zu schonen, sollten Sie einen Firmen-namen wählen, den Sie auch für Ihr Produkt oder Ihre Dienstleistung verwenden können. Dann müssen sich Ihre Kunden nicht unterschiedliche Namen merken.

- Prüfen Sie, inwieweit Sie den Namen und, sofern vorhan-den, das Logo schützen können.

- Prüfen Sie, ob der entsprechende Domainname für die Internetkommunikation noch frei ist. Eine schnelle Aus-kunft erhalten Sie unter www.denic.de.

- Wenn Sie international tätig werden wollen, lassen Sie die Namensbedeutung in den wichtigsten Sprachen überprüfen.
- Der Klang des Namens muss zu Ihrem Vorhaben passen. So ist die Bezeichnung „Torax" für einen Weichspüler eher ungeeignet, da das Wort sehr hart klingt.

Rechtsform und Gesellschafterstruktur

Welche Rechtsform Ihr Unternehmen hat, ist von zentraler Bedeutung. Denn damit legen Sie die Haftung der Gesellschafter fest. So stehen Sie als Einzelunternehmer mit Ihrem ganzen (auch privaten) Vermögen für Verbindlichkeiten Ihres Unternehmens ein. Dies gilt auch für Partner in einer Gesellschaft bürgerlichen Rechts (GbR). Bei der Gesellschaft mit beschränkter Haftung, der GmbH, ist die Haftung auf die Einlage auf das Stammkapital beschränkt. Auch die AG beschränkt die Haftung, aber hier sind umfangreiche Reportinganforderungen zu erfüllen. Das bindet zwar in der Anfangsphase wertvolle Ressourcen, aber andererseits erleichtert die Rechtsform der Aktiengesellschaft die Aufnahme weiterer Gesellschafter (Aktionäre) und den Gang an die Börse.

Wenn Sie sich in dieser wichtigen Frage unschlüssig sind, sollten Sie einen Fachmann, z. B. Ihren Steuerberater, zurate ziehen. Wählen Sie jene Rechtsform, die dem Vorhaben angemessen ist und die Ihre steuerlichen und betriebswirtschaftlichen Interessen berücksichtigt. Stellen Sie in diesem Baustein dar, warum Sie sich für diese bestimmte Rechtsform entschieden haben, wer die Gesellschafter sind und wie die Verteilung der Gesellschafteranteile aussieht.

Beispiel für Rechtsform und Gesellschafterdarstellung

Die Firma Rottenglas wurde in der Rechtsform einer Gesellschaft mit beschränkter Haftung (GmbH) gegründet, um so die Erstellung des Prototyps in einem geordneten rechtlichen Rahmen finanzieren zu können. Der Hauptsitz der Gesellschaft befindet sich in Frankfurt. Die Gesellschaft wurde im März 20xx ins Handelsregister eingetragen. Gesellschafter der Rottenglas GmbH sind Gründer 1 und Gründer 2 zu jeweils 50 Prozent.

Obwohl das Szenario einer externen Venture Capital Beteiligung von vornherein in die Überlegungen einbezogen wurde, haben die Gründer zum Firmenstart nicht die Rechtsform einer AG gewählt. Dadurch konnten sie sich im Gründungsjahr vollkommen auf die Produktentwicklung und die Gewinnung von Pilotkunden konzentrieren. Das umfassende AG-Reporting entfiel zunächst. Um schnell den Geschäftsbetrieb aufzunehmen, wurde von der beratenden Kanzlei ein GmbH-Mantel übernommen (Handelsregisterauszug siehe Anhang). Engere Gespräche über eine Beteiligung laufen zurzeit vor allem mit der Schweizer VC-Firma Latefox, die das Unternehmen bereits seit einiger Zeit beratend begleitet.

Erfolgs-Check: Kapitel Unternehmensform

Ein gut ausgearbeitetes Kapitel zum Thema Unternehmensform beantwortet folgende Fragen:

1 Was waren die Gründe für die Wahl des Firmennamens?
2 Haben Sie den Firmenname und/oder das Logo rechtlich geschützt?
3 Ist die Internet-Domain noch frei?
4 Welche Rechtsform haben Sie gewählt?
5 Warum haben Sie diese Rechtsform gewählt?
6 Wer sind die Gesellschafter und wie verteilen sich die Gesellschafteranteile?

Diese Fehler sollten Sie vermeiden:

- Es werden keine Aussagen zur Gesellschafterstruktur und zum Stammkapital gemacht.
- Die Rechtsform und die Kapitalausstattung sind nicht auf das Vorhaben angepasst.
- Die Organisationsstruktur und die Zuständigkeiten sind nicht ausreichend dargestellt.

Finanzplanung

Im Rahmen Ihrer Finanzplanung führen Sie den Beweis, dass Ihre Geschäftsidee langfristig rentabel ist. Sie erläutern, wie Ihre Unternehmensidee auf der Basis der bisher getroffenen Angaben über die nächsten drei Jahre finanziert werden kann. Entscheidend dabei ist, dass die Zahlen mit den Angaben und Ausarbeitungen in den vorhergehenden Kapiteln übereinstimmen. Gleichen Sie daher die Aussagen, die Sie hier machen, immer wieder mit den Angaben an anderer Stelle ab. Stimmen die Absatzmengen überein? Ist der Preis noch derjenige, den Sie auch im Marketingplan genannt haben? All das sind Punkte, auf die ein erfahrener Businessplanleser achtet. Konkret gehen Sie bei der Erstellung der Finanzplanung wie folgt vor:

1 **Sammeln** Sie alle Daten wie Kosten, geplante Absatzmenge, Preise, die sich auf der Basis Ihrer bisherigen Überlegungen ergeben.

2 Zeigen Sie die wichtigsten Investitionen und den beabsichtigten Personalaufbau im Rahmen der **Investitions- und Personalplanung** auf.

3 Stellen Sie danach die **Gewinn- und Verlustrechnung** auf. Das erste Geschäftsjahr sollten Sie monatlich planen. Für die beiden folgenden Jahre ist eine Quartalsdarstellung ausreichend.

4 Beginnen Sie anschließend mit der **Liquiditätsplanung**. Zu welchem Zeitpunkt und in welcher Höhe gehen welche Zahlungen ein? Wann tätigen Sie welche Ausgaben? Auch hier ist es sinnvoll, das erste Geschäftsjahr monatlich zu planen. Für die beiden folgenden Jahre ist eine Quartalsdarstellung ausreichend.

5 Gehen Sie jetzt auf Ihren **Kapitalbedarf** ein. Die Fragen, die Sie dafür beantworten müssen, lauten: Wie viel Geld brauchen Sie insgesamt? Aus welchen Quellen kommt es? Wann muss es zur Verfügung gestellt werden?

6 Aus der Gewinn- und Verlustrechnung und der Liquiditätsplanung ergibt sich die **Planbilanz**.

Die Tabellen in Ihrem Businessplan sollten Sie kurz verbal erläutern. Gehen Sie auch auf das Erreichen des Break-Even-Punkts ein, also den Zeitpunkt, zu dem Ihre Erlöse die Kosten übersteigen.

In diesem Kapitel können nur die groben Grundzüge der Finanzplanung erläutert werden. Für den Zahlenteil selbst sollte auf jeden Fall eine Finanzplanungssoftware eingesetzt werden. Es gibt viele gute und günstige Planungstools, z. B. unter www.haufe.de oder www.redmark.de. Auch bei Businessplanwettbewerben werden Ihnen Tools zur Verfügung gestellt. Schauen Sie auch beim BMWI unter www.softwarepaket.de.

Hinweis: Ausführliche Informationen zur Erstellung und praktischen Umsetzung von Finanzplänen bietet der Taschen-Guide „Finanz- und Liquiditätsplanung".

Investitions- und Personalplanung

Führen Sie auf, welche Investitionen Sie in den nächsten drei Jahren tätigen wollen. Berücksichtigen Sie alle Güter, die Sie langfristig in Ihrem Unternehmen nutzen. Klassisch sind Gebäude, Fahrzeuge, Maschinen und IT-Ausstattung. Achten Sie auf den optimalen Beschaffungszeitpunkt, um nicht zu viel Kapital auf einmal zu binden. Denken Sie daran, dass sich die Abschreibungen auf die Investitionen auf Ihre Gewinn- und Verlustrechnung auswirken.

Im nächsten Schritt stellen Sie in einem Betriebsmittelplan die Fixkosten Ihres Unternehmens zusammen. Das sind alle Ausgaben, die in der Gewinn- und Verlustrechnung als „Sonstige Aufwendungen" zusammengefasst sind, bei kleinen Gründungen im Dienstleistungsbereich vor allem:

— Büro- oder Ladenmiete inklusive der Nebenkosten

— Laufende Marketing- und Werbekosten

— Geschenke und Bewirtungskosten

— Betriebliche Versicherungen und Mitgliedschaften

— Kfz-Kosten

— Sonstige Reisekosten

— Porto, Telefon, Fax und Internet

— Laufende IT-Kosten

- Bürobedarf
- Bankgebühren
- Betriebssteuern

Vergessen Sie nicht, auch Ihr Gehalt zu kalkulieren. Rechnen Sie Miete, Lebensmittel, Kleidung, Versicherungs- und Vereinsbeiträge, Gebühren und sonstige Zahlungsverpflichtungen zusammen. So erhalten Sie als Grundlage Ihr notwendiges Nettogehalt. Denken Sie daran, dass Sie auch private Steuern zahlen müssen.

> Bei einer GmbH oder AG berücksichtigen Sie Ihr Gehalt unter der Position „Personalkosten". Bei einer Personengesellschaft muss der Jahresüberschuss die Höhe Ihres Bruttogehalts haben.

Wenn Sie Mitarbeiter beschäftigen wollen, erstellen Sie eine Personalplanung. Notieren Sie, welche Kosten Sie zugrunde gelegt haben.

Beispiel für eine verbale Erläuterung der Investitionsplanung

> Da die bisherigen (provisorischen) Büroräume nicht allen Mitarbeitern Platz bieten, wird zum 1. Juni 20xx ein neues Büro in unmittelbarer Nachbarschaft zum bisherigen angemietet. Entsprechend fallen in den ersten fünf Monaten Büroausstattungsinvestitionen an. Aufgrund der Konzentration unserer Kunden in der Bundeshauptstadt Berlin ist dort ab Mitte des kommenden Jahres die Eröffnung einer Dependance geplant.

Auf dieser Grundlage können Sie Ihre Gewinn- und Verlustrechnung und die Liquiditätsplanung erstellen.

Gewinn- und Verlustrechnung (GuV)

Auch wenn Sie gesetzlich nicht dazu verpflichtet sind, eine GuV zu erstellen (z. B. als Freiberufler), ist die GuV Bestandteil eines guten Businessplans. Die GuV zeigt, wie viel „am Ende übrig bleibt". Aus den kalkulierten Umsätzen und Kosten ergibt sich der Jahresüberschuss. Kosten und Umsätze sind hier anzusetzen, unabhängig davon, ob wirklich Geld geflossen ist. Der Ertrag aus einem Geschäft ist bei Entstehen anzugeben, auch wenn die Rechnung z. B. erst im nächsten Geschäftsjahr beglichen wird. Und so gehen Sie vor:

1 Sammeln Sie die Daten zum Produkt, zum Markt und zum Marketing und bewerten Sie, zu wann Sie welche Absatzmengen zu welchem Preis verkaufen können. Diese Werte bilden Ihre Erträge.

2 Stellen Sie alle Aufwendungen zusammen. Die größten Positionen sind meist der Materialaufwand, Personal-, Miet- und Leasingkosten. Achtung: Investitionsausgaben, also beispielsweise die Anschaffungskosten für eine Maschine, werden in der GuV nicht erfasst. Hier setzen Sie lediglich die Abschreibungen an, also den Wertverlust der Maschine durch Abnutzung.

3 Führen Sie alle Positionen in der GuV zusammen. Achten Sie auf eine realistische zeitliche Verteilung.

Eine Gewinn- und Verlustrechnung ist wie folgt aufgebaut:

Gewinn- und Verlustrechnung (in T€)	Jahr 1	Jahr 2	Jahr 3
1. Erträge aus ...			
1.1 Umsatzerlöse			
1.2 Bestandsveränderungen			
1.3 Aktivierte Eigenleistungen			
1.4 Sonstige betriebliche Erträge			
1.5 Erträge			
2. Aufwendungen für ...			
2.1 Material und Waren			
2.2 Fremdleistungen			
2.3 Personal (inklusive Sozialab- gaben)			
2.4 Leasing			
2.5 Abschreibungen			
2.6 Sonstige Aufwendungen			
2.7 Rückstellungen			
2.8 Summe Aufwendungen			
3 Betriebsergebnis			
4.1 Zinsen			
4.2 Außerordentlicher Ertrag			
4.3 Außerordentlicher Aufwand			
4.4 Steuern auf Einkommen			
4.5 Staatliche Zuschüsse			
5. Jahresüberschuss/-defizit			

Beispiel für eine verbale Erläuterung der Gewinn- und Verlustrechnung

> Da TKH Büromöbel vermietet und nicht verkauft, wird bei den Umsatzerlösen nicht mit saisonalen oder anderweitig beeinflussten Schwankungen gerechnet. Die meisten Erlöse entstehen durch das Vermieten der Standardmöbel. Der Posten „Abschlussgebühr" ergibt sich aus dem Einmalbetrag, der für das erstmalige Aufstellen der Möbel erhoben wird. Da erste Tests gezeigt haben, dass Kunden diese Gebühr gern als Verhandlungsspielraum nutzen, wurde sie auf den Jahresmietpreis umgelegt und wird im Preismodell nicht mehr erwähnt. Buchhalterisch wird die Abschlussgebühr allerdings noch extra ausgewiesen.

Auch hier gilt: Die Angaben müssen zu den Daten und Fakten in den anderen Bausteinen passen. Für den laufenden Betrieb sollten Sie sich für die GuV fachlichen Rat einholen, da bei der genauen Zuordnung gesetzliche Vorschriften nach dem Handelsgesetzbuch zu berücksichtigen sind.

Die GuV gibt Ihnen Auskunft, ob Sie ein positives oder negatives Geschäftsergebnis erreicht haben. Über Ihre Zahlungsfähigkeit erhalten Sie aber hier keine Auskunft.

Liquiditätsplanung

Eines der wichtigsten Werkzeuge, nicht nur bei der Vorbereitung, sondern vor allem auch in der konkreten Umsetzung, ist die Liquiditätsplanung.

So paradox es klingt: Viele junge Unternehmen geraten trotz positivem Geschäftsergebnis in die Insolvenz. Warum? Weil sie die Liquiditätsplanung vernachlässigen und z. B. nicht berücksichtigen, dass Zahlungseingänge und –ausgänge auseinander fallen können.

> Planen Sie zusätzliche Liquiditätsreserven ein. So stellen Sie die Zahlungsfähigkeit Ihres Unternehmens auch dann sicher, wenn Kunden verspätet oder auch gar nicht bezahlen. Auch kann viel Zeit vergehen, bevor überhaupt zum ersten Mal Geld fließt.

Im Liquiditätsplan erfassen Sie alle Einzahlungen, die bei Ihnen eingehen, und alle Auszahlungen, die Sie tätigen. Halten Sie dabei sowohl die Höhe als auch den Zeitpunkt der Transaktion fest. Wenn Sie eine Rechnung schreiben, ist das Geld noch lange nicht auf Ihrem Konto. Der reale Zahlungszeitpunkt ist maßgebend. Bedenken Sie auch, dass Sie regelmäßig Mehrwertsteuer an das Finanzamt abführen müssen und dass sich das auf Ihre Liquidität auswirkt. Alle Ein- und Auszahlungen in Ihrem Unternehmen können Sie nach folgendem Muster zusammenstellen:

Liquiditätsplanung (in T€)	Jahr 1	Jahr 2	Jahr 3
1. Einzahlung aus …			
1.1 Umsatz			
1.2 Anzahlung			
1.3 Vorsteuererstattung			
1.4 Sonstige Einzahlungen			
1.5 Summe Einzahlungen			
2. Auszahlungen aus …			
2.1 Material/Waren			
2.2 Fremdleistungen			

Liquiditätsplanung (in T€)	Jahr 1	Jahr 2	Jahr 3
2.3 Personal			
2.4 Leasing			
2.5 Kredittilgungen			
2.6 Zinsen			
2.7 Sonstige Auszahlungen			
2.8 Steuern			
2.9 Mehrwertsteuer			
2.10 Investitionen			
2.11 Summe Auszahlungen			
3. Liquiditätssaldo (1.5-2.11) Zu-/Abnahme flüssiger Mittel (Cashflow)			
4. Liquiditätssaldo kumuliert			
5. Finanzierung			
6. Flüssige Mittel am Jahresende			

Beispiel für eine verbale Erläuterung der Liquiditätsplanung

Angesichts des gesamten Finanzvolumens wurde auf die Berücksichtigung der Vorsteuererstattung verzichtet. Sie betrug im Jahr 20xx pro Monat nur 2.000 Euro und fällt daher kaum ins Gewicht. Es wird davon ausgegangen, dass sich dies auch in Zukunft nicht wesentlich ändert. Sollte die Vorsteuererstattung später allerdings einen nennenswerten Betrag ausmachen, wird sie in die Planung einbezogen.

Das im Januar 20xx von den Gesellschaftern neu in die Gesellschaft eingebrachte Eigenkapital sichert die Gesellschaft im „Real case"-Szenario bis zum Januar 20xx. Für diesen Zeitpunkt ist dann die nächste und letzte Finanzierungsrunde geplant.

Zahlungsfähig sind Sie dann, wenn zu jedem Zeitpunkt Ihre flüssigen Mittel die Auszahlungen übersteigen. Sollten die Einzahlungen zu einem bestimmten Zeitpunkt geringer sein als die Auszahlungen, müssen Sie diese Differenz mit Firmenkapital ausgleichen. Daher bestimmen Sie mithilfe der Liquiditätsplanung letztlich auch den Kapitalbedarf.

Kapitalbedarf

Die Liquiditätsplanung zeigt Ihnen zwar, wie viel Kapital sie benötigen – woher das Kapital allerdings stammt, geht daraus nicht hervor. Daher sollten Sie in diesem Kapitel noch auf Ihre Kapitalquellen eingehen. Stellen Sie Ihre Mittelherkunft entsprechend der üblichen Unterscheidung in Eigenkapital und Fremdkapital dar. Die folgende Tabelle zeigt ein mögliches Berechnungsschema:

Kapitalbedarfsplanung	Jahr 1	Jahr 2	Jahr 3
Investitionen			
Vorräte			
Forderungen			
Liquiditätsreserve			
Einmalige Kosten (Gründung)			
SUMME Kapitalbedarf			
Eigenkapital			
Eigenmittel			
Beteiligungskapital			
Ergebnisanpassung			
SUMME Eigenmittel			

Kapitalbedarfsplanung	Jahr 1	Jahr 2	Jahr 3
Fremdkapital			
Privatdarlehen			
Öffentliche Fördermittel			
Bankdarlehen			
Kreditlinie Konto			
Lieferantenkredit			
Sonstige Verbindlichkeiten			
SUMME Fremdmittel			
Kapital-Über-/Unterdeckung			

Je nachdem welche Innovationskraft, Expansionsgeschwindigkeit und welchen Kapitalbedarf Ihr Vorhaben besitzt, werden Sie mehr Fremd- oder mehr Eigenkapital einsetzen. Wichtig ist, dass Sie den für Ihre Geschäftsidee richtigen „Kapital-Mix" wählen. Überlegen Sie sich aber zunächst, was Sie selbst in Bezug auf die Kapitalquelle wollen. Eine ausführliche Darstellung zu den Vor- und Nachteilen, die die unterschiedlichen Modelle bieten, und zu der Frage, für welches Gründungsvorhaben welche Kapitalquelle geeignet ist, finden Sie im Kapitel „Externe Geldquellen erschließen – darauf schauen Investoren" (ab S. 113).

Planbilanz

Externe Kapitalgeber wie Banken oder Venture Capitalists wollen wissen, wie sich das Firmenvermögen im Planungszeitraum voraussichtlich entwickelt. Dafür ist am besten die Aufstellung einer Planbilanz geeignet. Sie gibt einen Überblick über die Finanzen und ist außerdem Basis für die Ermittlung von wichtigen Kennzahlen wie beispielsweise der Eigenkapitalquote oder der Eigenkapitalrentabilität.

Auf der Aktivseite zeigen Sie, wie Sie das Firmenvermögen einsetzen (Mittelverwendung). Auf der Passivseite stellen Sie dem die Mittelherkunft gegenüber. Eine vereinfachte Planbilanz können Sie dem nachfolgenden Schema entnehmen. Detaillierte Angaben sollten Sie dem Handelsgesetzbuch entnehmen. Lassen Sie sich auch hier von Fachleuten, wie z. B. einem Steuerberater, beraten.

Planbilanz AKTIVA	Jahr 1	Jahr 2	Jahr 3
1. Anlagevermögen			
1.1 Immaterielle Vermögenswerte			
1.2 Sachanlagen			
1.3. Finanzanlagen			
2. Umlaufvermögen			
2.1 Vorräte			
2.2 Forderungen und sonstige Vermögensgegenstände			
2.3 Wertpapiere			
2.4 Schecks, Kassenbestand, Guthabenkonten			
3. Rechnungsabgrenzungsposten			
SUMME AKTIVA			

Planbilanz PASSIVA	Jahr 1	Jahr 2	Jahr 3
1. Eigenkapital			
1.1 Gezeichnetes Kapital			
1.2 Kapitalrücklagen			
1.3. Gewinnrücklagen			
1.4 Gewinn–/Verlustvortrag			
1.5 Jahresüberschuss/-fehlbetrag			
2. Rückstellungen			
3. Verbindlichkeiten			
4. Rechnungsabgrenzungsposten			
SUMME PASSIVA			

Erfolgs–Check: Kapitel Finanzplanung

Ein gut ausgearbeitetes Kapitel zum Thema Finanzplanung beantwortet folgende Fragen:

1 Wie viel Kapital investieren Sie kurz- und mittelfristig in Ausrüstung oder Personal?

2 Haben Sie Finanzreserven berücksichtigt?

3 Wie sieht die Umsatz- und Kostenentwicklung in den nächsten drei Jahren aus?

4 Gibt es kalkulatorische Kosten (z. B. Ihr kalkulierter Lohn), die zu berücksichtigen sind? Wenn ja, in welcher Höhe?

5 Welche Absatzmengen und Preise haben Sie Ihren Planumsätzen zugrunde gelegt?

6   Wie hoch sind Ihre Mietaufwendungen?

7   Haben Sie die wichtigsten Risiken durch entsprechende Versicherungen abgedeckt?

8   Wie ist die Buchführung im laufenden Betrieb geregelt? Wird diese extern vergeben?

9   Wie entwickelt sich Ihre Liquidität in den nächsten drei Jahren? Liegt eine detaillierte Liquiditätsplanung vor?

10 Welche Eigenmittel und welche Fremdmittel setzen Sie zur Finanzierung ein?

Diese Fehler sollten Sie vermeiden:

- Folgeinvestitionen und ein höherer Personalbedarf in den späteren Jahren wurden nicht berücksichtigt.

- Entscheidende Kostenarten und Abschreibungen sind nicht erfasst.

- Es wurde vergessen, die Lohnnebenkosten in die Kalkulation einzubeziehen.

- Die Planung berücksichtigt die Vorsteuer/Mehrwertsteuer nicht.

- Es sind keine Reserven vorgesehen, auf die bei verspätetem Forderungseingang oder gar einem Ausfall zurückgegriffen werden kann.

- Es wurde übersehen, dass das Unternehmen aufgrund der Planzahlen nach einer bestimmten Zeit überschuldet ist.

Risikobewertung und alternative Szenarien

Die Umsetzung einer Geschäftsidee, ist immer mit Risiken verbunden. Diese können im Unternehmen selbst oder vom Markt entstehen und lassen sich nicht generell ausschließen. Aber eine genaue Planung und das Bewusstsein, dass im einen oder anderen Fall Gefahren bestehen, mildern die negativen Folgen erheblich ab. Eine kontinuierliche Beobachtung Ihres Unternehmens und des Marktes ist daher zwingend erforderlich.

Risiken im Unternehmen können beispielsweise entstehen, wenn

- das Produkt nicht rechtzeitig zur Serienreife entwickelt werden kann,
- eine Marketingkampagne viel teuerer wird als ursprünglich geplant,
- ein wichtiger Mitarbeiter das Unternehmen plötzlich verlässt.

Marktseitige Risiken entstehen, wenn

- Sie durch einen Konjunktureinbruch Ihre Absatzziele deutlich verfehlen,
- wichtige Rohstoffe oder Bauteile aus dem Ausland aufgrund von Zollproblemen nicht rechtzeitig eintreffen,
- sich die Zulassung Ihres Produkts bei einer Genehmigungsbehörde erheblich verzögert,

- ein Großkunde ausstehende Rechnungen nur mit viel Verspätung bezahlt,
- ein wichtiger Vertriebspartner nicht wie geplant mit Ihnen zusammenarbeitet,
- Sie durch veränderte Wechselkurse Ihre Preise anheben müssen.

Zeigen Sie in diesem Kapitel auf, welche Risiken Sie konkret bei Ihrem Vorhaben sehen, und zählen Sie gleichzeitig die Gegenmaßnahmen auf, die Sie ergreifen wollen.

Beispiel für eine Chancen-Risiko-Darstellung

Zeit bis zum Vertragsabschluss bei einem Unternehmen, das eine Lösung für Großkonzerne anbietet:

Risiko: Großkonzerne haben einen langen Entscheidungsprozess. Wir gehen davon aus, dass vom ersten Kontakt bis zur Vertragsunterzeichnung neun bis 15 Monate vergehen. Durch die zahlreichen Personen, die in die Entscheidung einbezogen werden müssen, kann dieser Zeitraum allerdings auch schnell anwachsen.

Chance: Dieser lange Entscheidungsprozess hat den Vorteil, dass mit einem Großkonzern, der einmal als Kunde gewonnen wurde, eine sehr lange und stabile Partnerschaft entstehen kann. Denn gerade weil die Unternehmen sich ihre Partner sehr genau aussuchen, werden sie nicht so schnell auf eine andere Lösung umsteigen. Dies bedeutet für zukünftige potenzielle Konkurrenten eine erhebliche Markteintrittsbarriere.

Um Risiken zu simulieren, hat sich die sogenannte Szenario-Technik bewährt. Sie macht es möglich, die zukünftige Geschäftsentwicklung unter unterschiedlichen Annahmen darzustellen. Dabei gehen Sie wie folgt vor:

1 Prüfen Sie Ihr Konzept anhand von Faktoren, die in der Regel kritisch sind, wie Absatzmenge, Preis, Marktwachstum, Kosten, Einkaufspreise, Entwicklungszeitraum, Liquiditätseingang, Zeitraum bis zur Kundengewinnung nochmals genau auf ihre Realitätsnähe. Wenn Sie zu dem Schluss kommen, dass Sie weder zu positiv noch zu negativ geplant haben, ist dies der Normalfall bzw. das Realcase-Szenario. Diese Werte sind die Grundlage für alle im Businessplan gemachten Angaben. Auf dieser Basis muss er logisch nachvollziehbar sein.

2 Nun verändern Sie wichtige Faktoren so, dass sie sich gegenüber dem Normalfall schlechter entwickeln als geplant. Also z. B., dass nicht so viele Produkte verkauft werden können oder dass der kalkulierte Preis aufgrund einer Rabattschlacht nicht gehalten werden kann. Stellen Sie die veränderten Faktoren und die Auswirkung auf Ihre Planung genau dar. Hierbei handelt es sich dann um den ungünstigsten Fall bzw. das Worst-case-Szenario.

3 Zum Schluss verändern Sie die entscheidenden Faktoren gegenüber dem Normalfall positiv. Zeigen Sie auch hier, wie sich das auf die Geschäftsentwicklung auswirkt. Jetzt haben Sie das Best-case-Szenario, den günstigsten Fall.

Achten Sie bei allen Szenarien besonders auf Ihre Liquiditätsplanung, die Gewinn- und Verlustplanung und den Break-Even-Punkt. Wie verschieben sich die Werte? Ist auch im schlechtesten Fall die Liquidität des Unternehmens noch ausreichend lange gesichert? Normalerweise reicht hier als Softwareunterstützung ein Tabellenkalkulationsprogramm.

Mit der Planungssoftware, die am Markt vorhanden ist, lassen sich auch komplexe Sachverhalte einfach und Zeit sparend darstellen.

Betrachten Sie diese Szenarien-Betrachtung nicht als lästige Pflicht. Sie hilft Ihnen, ein echtes Gespür für Ihr Geschäftsmodell zu entwickeln. Außerdem wissen Sie dann, welche Faktoren für Ihren Erfolg entscheidend sind und wann Sie reagieren müssen, um Schieflagen zu überwinden.

Erfolgs-Check: Kapitel Risikobewertung

Ein gut ausgearbeitetes Kapitel zum Thema Risikobewertung und alternative Szenarien beantwortet folgende Fragen:

1 Wann ist der Break-Even-Punkt erreicht?

2 Welche Chancen und Risiken bestehen für Ihr Vorhaben?

3 Wie wirken sich die Chancen und Risiken auf Ihren Geschäftsplan aus?

4 Wie reagieren Sie konkret auf die Chancen und Risiken?

5 Wie sieht Ihre 3-Jahres-Planung im günstigsten und ungünstigsten Fall aus?

6 Wie können Sie Ihre Liquidität sicherstellen, auch wenn es bei den Zahlungseingängen zu Verzögerungen kommt? Und für wie lange?

Diese Fehler sollten Sie vermeiden:

- Alternative Szenarien sind weder verbal noch grafisch dargestellt.

- Auf die Chancen und Risiken wird nicht eingegangen.

So beginnen Sie die Umsetzung

Geschafft! Ihr Plan ist fertig. Nun geht es darum, ihn in die Realität umzusetzen. Ab jetzt müssen Sie andere Personen und Institutionen, z. B. Kapitalgeber, Förderinstitute oder intern die Geschäftsführung, von Ihrer Idee überzeugen. Gehen Sie gut vorbereitet in die Gespräche und Präsentationen. Wir zeigen Ihnen,

- wie Sie eine To-do-Liste erstellen (Seite 102)
- wie Sie eine Kurzfassung Ihres Businessplans erarbeiten (Seite 104)
- wie Sie Ihre Präsentation erstellen und vortragen (Seite 108)
- wie Sie externe Geldquellen erschließen (Seite 113)

Das sind die ersten Schritte

Besonders in der Anfangszeit müssen Sie viele Dinge möglichst gleichzeitig erledigen. Am besten schreiben Sie sich diese Arbeiten und Termine gesondert in einer sogenannten Todo-Liste auf. Als technisches Werkzeug eignet sich ein Tabellenkalkulations- oder Schreibprogramm, z. B. Word bzw. Excel. Und so gehen Sie vor:

1 Legen Sie eine Tabelle mit folgenden Spalten an:
laufende Nummer, Aufgabe, konkrete Unteraufgabe, verantwortlich, zu erledigen in Abstimmung mit ..., Starttermin, Endtermin, Erledigungsgrad (25 %, 50 %, 75 %, 100 %)

2 Sammeln Sie in einem Brainstorming alle Aktivitäten, die anstehen, und tragen Sie diese in die Tabelle ein.

3 Priorisieren Sie die einzelnen Tätigkeiten nach einer ABC-Systematik. A-Aufgaben sind dabei die wichtigsten Punkte, die zu erledigen sind, B-Aufgaben die weniger bedeutsamen und bei C-Aufgaben können Sie sich etwas Zeit lassen. Aber Achtung: Mehr als ein paar A-Projekte sind erfahrungsgemäß nicht gleichzeitig zu schaffen. Prüfen Sie daher genau, was für Ihren Businessplan die höchste Priorität hat.

4 Teilen Sie die Aufgaben in einzelne Teilschritte ein. Diese sollten Sie schon sehr konkret formulieren. Der Zeitaufwand zur Abarbeitung je Unterpunkt sollte weniger als acht Stunden betragen.

Beispiel für eine To-do-Liste für eine Messeteilnahme

Bei der Umsetzung einer Messeteilnahme definieren Sie als Aufgaben: Messestand, Vertrieb, Werbung. Als Unteraufgaben zu Messestand werden dann definiert: Standplatz buchen, Messestandaufbau beauftragen, Technik klären, Standbesetzung planen, Werbemittel festlegen, Powerpoint-Präsentation erstellen, Produktmuster versenden, Messekontaktbogen erstellen, Logo und Schriftzüge herstellen lassen.

1 Bestimmen Sie für jeden Punkt, wann mit ihm begonnen werden soll und bis wann er erledigt sein muss.
2 Benennen Sie immer einen Verantwortlichen.
3 Sortieren Sie die Aufgaben nach dem Anfangszeitpunkt.

Versuchen Sie das erste halbe Jahr Ihres Vorhabens auf diese Weise möglichst genau vorwegzunehmen. Für den Zeitraum danach genügt eine grobe Auflistung der To-do´s. Mehr als zwei Jahre im Voraus brauchen Sie sich Ihre Aufgaben nicht zu überlegen.

An den Aktivitätenplan sollten Sie sich soweit es geht halten. Allerdings ist es immer eine Gratwanderung, den Plan einerseits möglichst genau umzusetzen, andererseits aber auf veränderte Rahmenbedingungen zu reagieren und den Ablaufplan anzupassen. Mit der Zeit werden Sie auch den Zeitbedarf realistischer ansetzen, der anfangs fast immer zu optimistisch geschätzt wird.

Ihre To-do-Liste sollten Sie mindestens wöchentlich überprüfen. Reservieren Sie sich dafür am besten einen festen Termin in der Woche, damit Sichtung und Anpassung in der Hektik des Tagesgeschäfts nicht untergehen. Als ideal haben sich Freitagnachmittag oder Montagmorgen herausgestellt. An beiden Tagen haben Sie die Möglichkeit, die Aktivitäten der vergangenen Woche zu bewerten und auf Basis des Plans die neue Woche zu strukturieren.

Bereiten Sie eine Kurzfassung vor

Jetzt wird es spannend. Nach den vielen langen Stunden am Schreibtisch kennen Sie Ihren Plan nun in- und auswendig. Um erfolgreich zu sein, müssen Sie nun Ihr Vorhaben „verkaufen".

Das mag für manche etwas befremdlich klingen. Sofort schießen Gedanken wie „Ich will doch niemandem etwas aufschwatzen" durch den Kopf. Das verlangt auch niemand. Aber egal, wie Sie es drehen und wenden: Ihre dringlichste Aufgabe ist es nun, andere von Ihrem Konzept zu überzeugen und für Ihren Plan zu werben.

Der Elevator Pitch – alles auf einen Blick

Je nach Größe Ihres Unternehmens müssen Sie nun mit Banken, Venture Capital Firmen, Business Angels, Fördereinrichtungen oder möglichen Geschäftspartnern sprechen. Nur so können diese auf Ihre Idee aufmerksam werden. Beim ersten Kontakt werden Sie vermutlich nur wenig Zeit zur Verfügung habe, um Ihr Geschäftsmodell vorzustellen. Daher ist es wichtig, auf die entscheidende Frage „Worum geht es?" schon entsprechend vorbereitet zu sein. Am besten wappnen

Sie sich für diesen Fall mit einem sogenannten Elevator Pitch, also einer mündlichen bzw. schriftlichen Kurzpräsentation.

Stellen Sie sich folgende Situation vor: Sie haben um 8 Uhr einen Termin mit Ihrem Firmenkundenberater bei Ihrer Hausbank, um die Verhandlungen über einen Kredit fortzusetzen. Die Bank hat ihren Sitz in einem Hochhaus. Sie kommen morgens an den Aufzug, um in den 20. Stock zu fahren. Als Sie in den Lift einsteigen, steht der Vorstandsvorsitzende der Bank vor Ihnen. Sie wissen, Ihr Firmenkundenberater legt ihm Ihre Unterlagen zur Entscheidung vor. Die Tür schließt sich. Ihr Gegenüber fragt Sie höflich: „Was führt Sie in unsere Bank?" Nun sollten Sie in der Lage sein, Ihr Vorhaben während der kurzen Fahrt im Aufzug (Elevator) in wenigen Sätzen so zu präsentieren, dass der Vorstand Ihre Anfrage später bewilligt.

Leitfragen und Beispiele für Ihre Kurzbeschreibung

Der Elevator Pitch ist eine auf wenige Sätze verdichtete Beschreibung Ihres Geschäftsvorhabens. Darin müssen Sie schnell und kompakt folgende Fragen beantworten:

1 Worum geht es bei Ihrem Unternehmen?

2 Welcher Markt wird bedient?

3 Wie groß ist der Markt?

4 An wen wird verkauft?

5 Was ist Ihr Produkt oder Ihre Dienstleistung? (Hier reicht eine kurze Beschreibung)

6 Wie und womit wird bei dem Vorhaben Geld verdient?

7 Was zeichnet Ihr Managementteam aus? Denken Sie dran: Die meisten Investoren investieren in Menschen, nicht in Ideen!

8 Welche Konkurrenz gibt es?

Einen Elevator Pitch zu erstellen, ist keine einfache Sache. Sie sollten versuchen, mit weniger als 200 Wörtern auszukommen. Die Schwierigkeit ist, alles so zu komprimieren, dass nachher noch jemand versteht, worum es geht. Auch hier gilt: Probieren Sie Ihre Präsentation bei Bekannten, Freunden oder Verwandten aus. Fragen Sie, ob verstanden wurde, was Sie meinen.

Wenn Ihre Kurzbeschreibung fertig ist, sollten Sie sie auswendig lernen. Dann können Sie jederzeit, ob bei telefonischen Kontakten oder beim Mittagessen mit einem potenziellen Investor, über Ihr Vorhaben kompakt Auskunft geben.

Die folgenden drei Beispiele zeigen, worin sich gute von schlechten Kurzbeschreibungen unterscheiden:

Beispiel eines detailverliebten Technikers

> Wir haben eine Software zur dialektunabhängigen Sprachsteuerung von Haushaltsgeräten entwickelt. Drei Personen haben diese zwei Jahre lang mit der Open-Source-Gemeinde über das Internet entwickelt. Diverse C+ Komponenten wurden hier zusammen mit einem R/CM-System und Directory Technologien verbunden.

Ein potenzieller Investor denkt sich bei solcher Beschreibung: Mag ja sein, dass er gut entwickeln kann, aber Kunden wird er so nicht finden.

Beispiel eines oberflächlichen Verkäufers

> Um seine Haushaltgeräte zu bedienen, wird bald niemand mehr einen Knopf drücken müssen. Man kann unsere Software auf der ganzen Welt verkaufen. Wenn Sie bei uns investieren, werden Sie es nie bereuen. Sie werden reich werden.

Ein potenzieller Investor denkt sich bei solcher Beschreibung: Und worum geht es eigentlich? Dass ich reich werden kann, haben mir schon vorher viele Typen erzählt.

Beispiel eines fokussierten Unternehmers

> Die von uns entwickelte Software zur dialektunabhängigen Sprachsteuerung von Haushaltsgeräten ist marktreif. Wir haben einen Entwicklungsvorsprung von ca. zwei Jahren. Das Programm könnte schon heute bei den meisten Geräten aufgespielt werden. Bei von uns exemplarisch ausgewählten Hausgerätegruppen können im Durchschnitt 20 Prozent aller beweglichen Bedienteile eingespart werden. Die Reklamationsrate bei unseren Kunden durch fehlerhafte Teile sinkt um 50 Prozent. Damit nehmen auch die Produktionskosten um 25 Prozent ab. Die drei größten Hausgeräteproduzenten haben erste Testinstallationen positiv bewertet. Bei Planerfüllung rechnen wir nach 2,5 Jahren mit dem Break-Even.

Ein potenzieller Investor denkt sich bei solcher Beschreibung: Sehr gut. Er hat sich sehr detailliert mit der Technik, den Kunden und dem Markt beschäftigt. Diesen Businessplan möchte ich mir im Detail durchlesen.

So erstellen Sie Ihre Präsentation

Mit Ihrem Elevator Pitch sind Sie inhaltlich sehr gut gewappnet. Mit etwas Glück werden Sie dann bald zu einem ausführlichen Gespräch oder einer ersten Präsentation vor einem Gremium eingeladen. Auch darauf müssen Sie sich natürlich gut vorbereiten. Dazu gehört zum einen eine sauber aufbereitete Präsentation. Zum anderen müssen Sie sich persönlich und fachlich für das erste Treffen präparieren.

Aufbau

Bevor Sie mit der Umsetzung Ihrer Präsentation beginnen, sollten Sie sich zunächst über den gewünschten Aufbau Gedanken machen. Den roten Faden für den Vortrag bildet natürlich Ihr Businessplan. Dennoch sollte vor dem fachlichen Einstieg eine Einleitung stehen. Folgender Ablauf hat sich für Präsentationen bewährt:

1 Einleitung: Begrüßung, Vorstellung (bei Teams sollten auch die anderen Teammitglieder vorgestellt werden), Vorstellung der Gliederung

2 Hauptteil (analog der Kapitel des Businessplans): Beschreibung der Ausgangslage (Kundenbedarf), Beschreibung Ihrer Lösung, Kundennutzen, Verbesserung gegenüber dem Wettbewerb, Umsatz- und Gewinnplanung

3 Schluss mit Dank für die Aufmerksamkeit

In den meisten Fällen reicht die Zeit gerade dazu aus, die Zusammenfassung Ihres Businessplans zu präsentieren. Fassen

So erstellen Sie Ihre Präsentation

Sie sich daher lieber etwas kürzer. Mehr als zehn bis 15 Minuten sollten Ihre Ausführungen nicht dauern. Wenn Sie in dieser Zeit überzeugt haben, werden die Zuhörer oder Ihr Gesprächspartner ohnehin konkret nachfragen, sofern sie zum einen oder anderen Punkt noch Einzelheiten wissen wollen.

Grafische Gestaltung

Natürlich gibt es viele Möglichkeiten, Ihren Vortrag visuell zu untermauern: vom Flipchart über den Overheadprojektor bis zur Pinnwand. Bei Businessplan-Präsentationen hat sich allerdings die Aufbereitung mithilfe eines Präsentationsprogramms wie z. B. Powerpoint bewährt. Es bietet vielfältige Vorteile:

1 Es ist möglich, Produktbilder einzubinden, die Sie mit der Digitalkamera aufgenommen haben.

2 Auch kleine Filme, die das neue Produkt oder die Dienstleistung im Einsatz zeigen, lassen sich integrieren.

3 Sie müssen kein großartiges Präsentationsequipment mit sich tragen, da sich die Folien mithilfe eines Laptops fast überall zeigen lassen.

4 Drucken Sie Ihre Präsentation aus, das ist ein ideales Hand-out für die Zuhörer.

5 Die vielen Funktionen in der Software ermöglichen Ihnen Inhalt und Aufbereitung der Darbietung je nach Zielgruppe, Gesprächspartner und der jeweiligen Situation anzupassen.

Bei der Gestaltung Ihrer Powerpoint-Präsentation sollten Sie auf folgende Punkte achten:

1. Legen Sie für alle Folien ein einheitliches Layout fest.

2. Schreiben Sie nur kurze Sätze mit möglichst nicht mehr als zehn Wörtern. Pro Folie sollten nicht mehr als sieben Zeilen stehen.

3. Die Schriftgröße für den Text sollte mindestens 20, für die Überschrift mindestens 24 betragen.

4. Verwenden Sie für Listen u. Ä. Aufzählungszeichen.

5. Bringen Sie jede Information in einem eigenen Satz unter. Drücken Sie sich dabei einfach und verständlich aus.

6. Vermeiden Sie zu viele bunte Farbspiele. Achten Sie auf eine einheitliche Gestaltung, d. h., legen Sie alle Überschriften in der gleichen Farbe an.

7. Der Hintergrund sollte möglichst hell sein, die Schrift dann schwarz oder dunkelblau.

8. Benutzen Sie klare Schriftarten (Arial oder Times). Verzichten Sie auf verspielte Schriften.

9. Schreiben Sie in Groß- und Kleinbuchstaben. Nur Großbuchstaben zu verwenden ist wenig lesefreundlich.

10. Erstellen Sie nicht zu viele Folien.

Erfolgreich präsentieren

Ihre Präsentation ist nun erstellt. Jetzt müssen Sie sich noch mental auf den Termin vorbereiten. Das mag manchem vielleicht übertrieben erscheinen. Aber ebenso wie ein Bobfahrer vor der Fahrt jede Kurve des Eiskanals schon einmal im Geiste durchfährt, ist es auch für Sie wichtig, sich auf den Vortrag oder das Gespräch mental und körperlich einzustellen. Wenn Sie Ihren Vortrag zum ersten Mal halten, sollten Sie ihn vorab vor dem Spiegel üben. Vielleicht stellt sich auch eine Person Ihres Vertrauens als Testpublikum zur Verfügung. So können Sie direkt Feedback einholen. Zur Vorbereitung sollten Sie sich folgende Fragen stellen:

1 Wie wird das Gespräch oder die Präsentation wahrscheinlich ablaufen?

2 Welche Fragen muss ich beantworten können?

3 Wie wirke ich vor Publikum?

4 Wie sind meine Kleidung und mein Äußeres?

> Wenn Sie nicht wissen, wohin mit den Händen, wenden Sie einen bewährten Rednertrick an: Halten Sie während des Vortrags einen Stift in der Hand. Den können Sie im Bedarfsfall auch als Zeigestock benutzen.

Die nachfolgende Liste fasst die wichtigsten Tipps für eine gelungene Präsentation zusammen. Wenn Sie sich daran halten, kann nichts mehr schief gehen:

Tipps für eine gute Präsentation

– Halten Sie unbedingt die Redezeit ein. Damit verhindern Sie, dass Sie mitten im Vortrag aufhören müssen, obwohl die wichtigsten Punkte erst noch kommen. Klären Sie vorher, wie viel Zeit Ihnen gewährt wird. Um ein Gefühl für die Länge zu bekommen, sollten Sie den Vortrag mindestens einmal üben.

– Bleiben Sie ruhig und gelassen und sprechen Sie mit lauter und deutlicher Stimme. Halten Sie sich ruhig und aufrecht. Wedeln Sie nicht mit den Händen in der Luft.

– Achten Sie auf Ihr Äußeres. Wenn Sie nicht gerade ein Aktionskünstler sind und dies der Inhalt Ihres Businessplans ist, sollten Sie eher dezent gekleidet auftreten. Dies gilt auch für die Frisur.

– Stellen Sie sich auf Ihre Zuhörer ein. Halten Sie nicht immer den gleichen Vortrag, sonst klingen Sie irgendwann eintönig. Passen Sie sich Ihrem Publikum an. Oft reichen schon andere Beispiele, um eine höhere Aufmerksamkeit zu erzielen.

– Halten Sie stets Blickkontakt zu Ihrem Gesprächspartner. Sofern es sich um mehrere Personen handelt, lassen Sie den Blick öfter einmal „wandern".

– Überlegen Sie vorher, welche Fragen kommen könnten. Wenn Sie keine Zeit zur Vorbereitung hatten, ist es besser, den Termin zu verschieben.

- Auch wenn Sie sich als noch so genialen Unternehmer sehen: Bleiben Sie sachlich und treten Sie Ihrem Gegenüber mit Respekt entgegen. Nehmen Sie Kritik an Ihrem Plan nicht persönlich.

- Vermeiden Sie Witze. Denn wenn man das persönliche Umfeld des Gesprächspartners nicht kennt, kann so etwas schnell zum Fettnapf werden.

Hinweis: Im TaschenGuide „Präsentieren" finden Sie weitere wertvolle Informationen zu diesem Thema.

Externe Geldquellen erschließen – darauf schauen Investoren

Alle Vorbereitungen sind nun abgeschlossen, die ersten Gesprächstermine mit Banken, Investoren und Fördereinrichtungen stehen an. Vor einer Entscheidung, mit wem Sie in nähere Verhandlungen treten, sollten Sie sich nun über die verschiedenen Möglichkeiten der Finanzbeteilung noch einmal Gedanken machen.

Jede Form der Geldbeschaffung hat Vor- und Nachteile. Generell können Sie zwischen folgenden Finanzierungsformen wählen:

1 Fremdkapital

2 Eigenkapital

3 Sonderform des Eigenkapitals: Risikokapital

4 Öffentliche Fördermittel

Fremdkapital – Kredite von Banken und Förderinstituten

In dem Moment, in dem Sie einen Kredit bei der Bank oder ein Förderdarlehen bei einem entsprechenden Institut aufnehmen, finanzieren Sie einen Teil Ihrer Unternehmensgründung mit Fremdkapital. Dafür bezahlen Sie dann regelmäßig Zinsen. Meist wird das Kreditinstitut Sicherheiten von Ihnen verlangen, um ihre Forderung gegen Ausfall zu schützen. Oftmals haften Sie in einem solchen Fall mit Ihrem persönlichen Vermögen. Machen Sie sich diesen Umstand sehr bewusst: Sollten Sie mit Ihrem Gründungsvorhaben scheitern, bürgen Sie ganz oder teilweise für die Bankschulden Ihrer Firma. Achten Sie bei der Kreditaufnahme immer besonders auf die Laufzeiten Ihrer Verbindlichkeiten. Eine goldene Regel besagt, dass Güter mit einer langen Lebensdauer auch über langfristige Darlehen finanziert werden sollten, solche mit einer kurzen Lebensdauer über kurzfristige Kredite.

Eigenkapital – investieren Sie in Ihre Ideen

Wenn Sie oder das Gründungsteam selbst über ausreichend Finanzmittel verfügen, können Sie Ihr Unternehmen zunächst mit Eigenkapital finanzieren. Sobald Sie Ihr Erspartes in Ihr Geschäft investieren, verzichten Sie zumindest kurzfristig auf Erträge, die Sie an anderer Stelle für eine Geldanlage bekämen. Sie zahlen aber auch keine Zinsen oder Tilgung an eine Bank, bei der Sie sich verschulden müssten. Allerdings: Misslingt Ihr Vorhaben, ist das eingesetzte Geld unrettbar verloren. Der große Vorteil bei der Eigenkapitalfinanzierung: Sie sind selbst der Eigentümer und können daher Ihre Entscheidungen unabhängig von Dritten treffen. Einen gewissen Eigenkapitalanteil müssen Sie immer in Ihr Unternehmen einbringen, sonst werden Sie Schwierigkeiten haben, Geldgeber zu finden.

Risikokapital – Sonderform des Eigenkapitals

Eine besondere Form der Eigenkapitalfinanzierung ist die Beteiligung durch Wagnisfinanzierer oder sogenannte Venture Capitalists (VCs). Diese bringen Risikokapital (Venture Capital) in Ihr Unternehmen ein. Solche Einlagen stammen in der Regel von privaten oder institutionellen Investoren, z. B. Fondsgesellschaften, Versicherungen oder auch Industriekonzernen. Im Gegenzug zur Beteiligung erhalten die VCs vertraglich ein Mitspracherecht bei wichtigen Firmenentscheidungen zugesichert. Da diese Kapitalgeber reguläre Teilhaber sind, tragen sie auch entsprechend ihrem Anteil das finanzielle Risiko.

Wenn Sie Venture Capitalists an Bord haben, sollten Sie sich darüber im Klaren sein, das dies keine Partner auf Ewigkeit sind. Deren Ziel ist es, nach drei bis fünf Jahren Gewinn bringend wieder aus Ihrem Unternehmen auszusteigen. Dabei werden dann die Anteile an einen anderen Investor verkauft oder das Unternehmen wird mittels eines Going-publics an die Börse gebracht. Im Fachjargon wird beides als Exitstrategie bezeichnet.

> Sobald die Gespräche mit Risikokapitalgeben konkreter werden, sollten Sie sich genauer über die Exitstrategie Ihres potenziellen Partners erkundigen. Das erspart Ihnen später böse Überraschungen.

Neben der finanziellen Beteiligung durch Eigenkapital bieten VCs noch weitere Vorteile. Da diese am Wachsen der Firmen, in die sie Geld investiert haben, interessiert sind, können Sie als Unternehmer oft auf vielfältige Unterstützung bauen. Viele Wagniskapitalgeber helfen dem Management der Firmen auch in anderen Bereichen, z. B. durch

1 finanzielle Beratung,
2 Ideen, Anregungen und Unterstützung bei Managementaufgaben,
3 Vermittlung von Kontakten,
4 Entwicklung der Unternehmensstrategie.
5 Teilweise helfen sie auch bei der Personalsuche und bei der Beschaffung von Marktinformationen.

Für Investoren sprechen vor allem folgende Faktoren dafür, sich mit Risikokapital an einem Vorhaben zu beteiligen:

- Kompetentes Managementteam: Alle Investoren legen größten Wert auf das Managementteam bzw. die Gründerpersönlichkeit. Dabei ist unternehmerische Erfahrung wichtiger als beispielsweise ein akademischer Titel, Teamarbeit wichtiger als Einzelgängertum. Wenn Sie sehr komplexe Projekte planen, holen Sie sich für jeden Bereich einen Spezialisten in das Managementteam.

Der Vollständigkeit halber muss leider auch erwähnt werden, dass auch gute Ideen abgelehnt werden, sofern der Kapitalgeber nicht davon überzeugt ist, dass der Gründer auch die Fähigkeit hat, das Vorhaben umzusetzen. Denn letztlich werden Geschäfte immer zwischen Menschen gemacht („Every business is people business"). Das Vorhaben steht und fällt mit den Fähigkeiten des Gründers.

- Klarer Kundennutzen: Idealerweise besteht dieser darin, dass die Kosten beim Kunden durch den Produkt- oder Dienstleistungseinsatz sinken. Wenn dagegen die Kosten beim Kunden steigen, müssen Sie nachweisen, dass der zusätzliche Aufwand für Ihre Abnehmer in einem guten Verhältnis zum Nutzen, der er durch Ihre Lösung erhält, steht.

- Innovatives Produkt: Produkt oder Dienstleistung sollte in der vorliegenden Form bisher noch nicht am Markt vorhanden sein.

- Technischer Vorsprung: VCs wollen sehen, dass die Konkurrenz Ihr Produkt oder Ihre Dienstleistung nicht ohne weiteres kopieren kann. Das ist z. B. dann der Fall, wenn ein Patentschutz vorliegt. Achten Sie darauf, dass Sie Ihre Wettbewerber richtig einschätzen, um Vertrauen zu schaffen.

- Großer oder wachsender Markt: Dieser Punkt ist Voraussetzungen dafür, dass das Unternehmen seinen Umsatz schnell ausbauen kann.

- Exitstrategie: Zeigen Sie bereits in den ersten Gesprächen die Möglichkeiten auf, wie der Risikokapitalgeber wieder Gewinn bringend aussteigen kann.

Öffentliche Fördermittel – Geld vom Staat

Ein weiterer Baustein für die Finanzierung Ihres Vorhabens sind die öffentlichen Fördermittel. Sie dienen als Ersatz für Eigen- und/oder Fremdkapital. Allerdings ist es nahezu unmöglich, die Programme von Europäischer Union, Bund, Ländern, Kommunen oder anderen staatlichen und halbstaatlichen Einrichtungen ohne fachmännischen Rat zu durchschauen. Zu groß ist ihre Zahl und zu vielfältig sind die Bedingungen, die teilweise an die Auszahlungen geknüpft sind. So gibt es Mittel für spezielle Branchen, für besondere Regionen oder solche, die konkret Unternehmerinnen fördern. Wieder andere Programme sind mit bestimmten Forschungsschwerpunkten verknüpft.

> Achtung: Sie dürfen mit der Umsetzung des Vorhabens, das gefördert werden soll, erst anfangen, wenn die Genehmigung der Fördereinrichtung vorliegt.

Informieren Sie sich auf jeden Fall bei Ihrer Bank oder einem spezialisierten Berater über die Möglichkeiten, Unterstützung vom Staat zu erhalten. Insgesamt können die öffentlichen Fördermittel in folgende Kategorien eingeteilt werden:

- Eigenkapitalhilfen: Diese verbreitern durch nachrangige Darlehen die Eigenkapitalbasis der Unternehmen.
- Sonderkredite: Der Kreditgeber gewährt günstige Zinsen und übernimmt anteilig das Haftungsrisiko.
- Investitionszulagen: Mit festen Zuschüssen werden vor allem innovative (Forschungs-)Projekte gefördert.

Wenn Sie für Ihr Vorhaben Fördermittel beantragen wollen, sollten Sie sich an einige Regeln halten, die für alle Programme gelten:

- Es gilt das Hausbankprinzip, d. h. Sie müssen Ihre Anträge über die Bank stellen.

- Manche Förderprogramme schließen sich gegenseitig aus. Erkundigen Sie sich, welche Kombination für Sie die günstigste ist.

- Ein Unternehmen, das nur zum Nebenerwerb dient, kann nicht gefördert werden.

- Fördermittel gibt es nur, wenn sich der Gründer mit Eigenkapital und die Bank mit einem Kredit am Vorhaben beteiligen.

Für wen ist welche Finanzierungsform geeignet?

Je nachdem, wie Ihr Vorhaben konkret aussieht, werden Sie einen individuellen Finanzierungsmix benötigen. Die folgende Tabelle gibt einen Überblick, welche Mittelherkunft in welchen Branchen vorherrscht:

Zusammenhang Branche-Finanzierungsform

Gründungsbranche	Typische Finanzierungsform
Handwerk	Eigenmittel, Eigenkapital-hilfsprogramme, Fremdkapital (Banken)
Handel	Eigenmittel, Eigenkapitalhilfsprogramme, Fremdkapital (Banken)
Standarddienstleistung	Eigenmittel, Eigenkapitalhilfsprogramme, Fremdkapital (Banken) teilweise auch Venture Capital
Innovative Dienstleistung	Venture Capital und öffentliche Förderprogramme teilweise auch Fremdkapital
Hightech-Produkte	Venture Capital und öffentliche Förderprogramme

Eine allgemein gültige Aussage zum Finanzierungsmix, also in welchem Verhältnis beispielsweise das Fremdkapital zum Eigenkapital, Risikokapital oder den Fördermitteln steht, ist nicht möglich. Auch hier gilt: Sprechen Sie mit anderen Gründern, wie diese ihre Finanzierung aufgebaut haben. Holen Sie sich externen Rat von Gründungsberatern und Banken. Mit der Zeit werden Sie selbst durch die vielen Gespräche und die konkreten Angebote ein Gefühl für den idealen Finanzierungsmix entwickeln.

Lassen Sie sich von Absagen von Kreditinstituten, VCs oder Förderinstituten nicht entmutigen. Auch Entscheider in diesen Einrichtungen sind nur Menschen, die auch mal Fehler machen. Eine gute Idee zum richtigen Zeitpunkt mit durchdachtem Geschäftskonzept und einem fähigen Gründer hat sich noch immer durchgesetzt.

Wertvolle Adressen

Öffentliche Institutionen

- Bundesministerium für Wirtschaft und Technologie:
www.bmwi.de

- Gründungen aus der Arbeitslosigkeit:
www.arbeitsagentur.de

- Fördermöglichkeiten für Gründer bei der KFW-Banken-
gruppe: www.kfw.de

Kontakte zu Kammern und Verbänden

- Bundesverband der deutschen Volksbanken und
Raiffeisenbanken: www.bvr.de

- Deutscher Sparkassen- und Giroverband:
www.sparkassen-finanzgruppe.de

- Bundesverband deutscher Banken e. V.:
www.bankenverband.de

- Bundessteuerberaterkammer:
www.steuerberaterkammer.de

- Industrie- und Handelskammern: www.dihk.de

- Handwerkskammern: www.zdh.de

- Hauptverband des Deutschen Einzelhandels:
www.einzelhandel.de

- Bundesverband der Freien Berufe: www.freie-berufe.de

Wertvolle Adressen

- Technologie- und Gründerzentren beim Bundesverband Deutscher Innovations-, Technologie- und Gründerzentren e. V. (ADT): www.adt-online.de

- Bundesweite Gründerinnenagentur: www.gruenderinnenagentur.de

- Gründungsmanagementlehrstühle im deutschsprachigen Raum: www.fgf-ev.de

- Kontakte zwischen Privatinvestoren und Unternehmen/ Business Angels Netzwerk Deutschland e. V. (BAND): www.business-angels.de

Businessplanwettbewerbe

- VDI/VDE Innovation + Technik GmbH, Steinplatz 1, 10623 Berlin, Tel.: 030 310078-123 E-Mail: info@gruenderwettbewerb.de www.gruenderwettbewerb.de überregionaler Wettbewerb mit Schwerpunkt Multimedia, wird im Auftrag des Bundesministeriums für Wirtschaft und Arbeit veranstaltet.

- MBPW GmbH, Agnes-Pockels-Bogen 1, 80992 München, Tel.: 089 3883838-0, Fax: 089 3883838-88 E-Mail: info@mbpw.de, www.mbpw.de lokaler Businessplan-Wettbewerb der Region München

- start2grow, Wirtschaftsförderung Dortmund, dortmund-project, Töllnerstraße 9-11, 44122 Dortmund Tel.: 0800 4 782 782, Fax: 0800 2 367 868 E-mail: info@start2grow.de   www.start2grow.de lokaler Gründungswettbewerb der Stadt Dortmund

- Deutscher Gründerpreis Projektbüro, Charlottenstraße 47, 10117 Berlin,
  Tel.: 0 30 2 02 25-5134, Fax: 0 30 2 02 25-5131
  E-Mail: deutscher-gruenderpreis@dsgv.de
  www.deutscher-gruenderpreis.de
  größter überregionaler Unternehmerwettbewerb in Deutschland

- NUK Neues Unternehmertum Rheinland e. V., Hahnenstr. 57, 50667 Köln, Tel.: 0221 226-2222
  Fax: 0221 226-5988
  E-Mail: info@neuesunternehmertum.de
  www.neuesunternehmertum.de
  regionaler Businessplanwettbewerb für den Großraum Köln

- Businessplan-Wettbewerb Berlin-Brandenburg, Wettbewerbsbüro in der Investitionsbank Berlin, Bundesallee 210 (Eingang Regensburger Straße), 10719 Berlin
  Tel.: 030 212521-21, Fax: 030 212521-20
  E-Mail: businessplan@ilb.de
  www.b-p-w.de
  regionaler Businessplan-Wettbewerb der Region Berlin-Brandenburg.

- f.u.n. netzwerk|nordbayern GmbH, Neumeyerstraße 48, 90411 Nürnberg, Tel.: 0911 59724-8000
  Fax: 0911 59724-8049
  E-Mail: info@netzwerk-nordbayern.de
  www.netzwerk-nordbayern.de
  regionaler Businessplan-Wettbewerb der Region Nordbayern

Stichwortverzeichnis

Ablaufplan 15, 103
Aufbau 13 f.
Betriebsmittelplan 85
Branchenanalyse 53 f., 58
Business Angel 8, 30, 104, 123
Businessplan 7, 14 ff., 19
Businessplanwettbewerb 123
Deckblatt 33 f.
Dienstleistung 41
Eigenkapital 92 ff., 113 ff., 118, 120
Elevator Pitch 104 ff., 108
Erfahrungsberichte 29 f.
Executive Summary 14, 34
Finanzierungsform 113 ff.
Finanzplanung 15, 17, 83 ff.
Firmenname 29, 33, 80, 82
Fördermittel 12, 20 f., 43, 93, 113, 118 f.
Fremdkapital 92, 113 f., 118, 120
Gesellschafter 81 f.
Gewinn- und Verlustrechnung 15, 84 ff.
Investitionsplanung 85 f.
Investor 15 f., 24, 46 ff., 106 f., 115
Kapitalbedarf 15, 27, 30, 84, 92 f.
Know-how, kaufmännisches 48
Konkurrenz 41, 52, 56, 58
Kundenanalyse 57
Kurzbeschreibung 105 ff.
Kurzplan 13, 16
Liquiditätsplanung 15, 84 ff., 89, 91 f.
Managementteam 13, 39, 46 ff., 52, 116

Marke 39 f.
Marketing 15, 60 ff., 65, 70
Markt 14, 17, 52, 105, 117
Markteintrittsstrategie 15, 61 f.
Öffentliche Fördermittel 113, 118
Patent 36, 39 f., 44, 117
Personalplanung 83 ff.
Planbilanz 84, 93 ff.
Planungsmängel 27
Präsentation 105 ff.
Preis 19, 42, 53, 64 ff., 78, 83, 87, 98
Produkt 14, 17 f., 34, 36, 38, 40 f., 43, 65 ff., 73
Produktion 11, 36, 45 f.
Risikobewertung 15, 97 f.
Risikokapital 113, 115 f., 120
Standort 43
Szenarien alternative 15
Szenarien, alternative 97
Szenarienalternative 99
Todo-Liste 102 f.
Umfang 13, 16 f.
Umsetzung 97, 101 ff.
Unternehmensform 15, 80 ff.
Unternehmensidee 36
USP 36, 40, 45
Venture Capital siehe Risikokapital
Vertraulichkeitserklärung 22, 33
Vertrieb 15, 61, 65, 70 f., 73, 79
Werbung 65, 73 f., 76
Wettbewerb 13 f., 36, 40, 52, 57, 123
Zielgruppe 45, 56 f., 73 f.

Bibliografische Information der Deutschen Nationalbibliothek
Die Deutsche Nationalbibliothek verzeichnet diese Publikation in der Deutschen National-
bibliografie; detaillierte bibliografische Daten sind im Internet über http://dnb.d-nb.de
abrufbar.

ISBN 978-3-448-10041-9
Bestell-Nr. 00891-0003

3., aktualisierte Auflage 2010

© 2010, Haufe-Lexware GmbH & Co. KG, Munzinger Straße 9, 79111 Freiburg
Redaktionsanschrift: Fraunhoferstraße 5, 82152 Planegg/München
Telefon: (089) 895 17-0,
Telefax: (089) 895 17-290
www.haufe.de
online@haufe.de
Lektorat: Cordula Natusch
Redaktion: Jürgen Fischer
Redaktionsassistenz: Christine Rüber

Alle Rechte, auch die des auszugsweisen Nachdrucks, der fotomechanischen Wiedergabe
(einschließlich Mikrokopie) sowie der Auswertung durch Datenbanken oder ähnliche
Einrichtungen vorbehalten.

Umschlaggestaltung: Kienle gestaltet, 70182 Stuttgart
Umschlagentwurf: Agentur Buttgereit & Heidenreich, 45721 Haltern am See
Desktop-Publishing: Agentur Satz & Zeichen, Karin Lochmann, 83129 Höslwang
Druck: freiburger graphische betriebe, 79108 Freiburg

Der Autor

Axel Singler

Bankausbildung und Studium der Betriebswirtschaftslehre mit Schwerpunkt Marketing. Als Projektleiter etablierte er für die Sparkassen zusammen mit McKinsey & Company und der Zeitschrift „Stern" den Vorgängerwettbewerb des Deutschen Gründerpreises, den Gründerwettbewerb „StartUp". Mitarbeit an diversen Businessplänen für Firmengründungen, Umstrukturierungen und für innovative Produkte in Unternehmen.

Wenn Sie mit dem Autor Kontakt aufnehmen möchten, wenden Sie sich bitte gerne an den Verlag.

Dieser TaschenGuide eignet sich auch sehr gut als werthaltiges Kundengeschenk. Nähere Informationen zu Individualisierungsmöglichkeiten beim Umschlag und zu Staffelpreisen erhalten Sie unter Tel. (089) 89 517 241.

Weitere Literatur:

„Mein Businessplan" von Uwe Herzberg, 214 Seiten, mit CD-ROM, € 16,80.
ISBN 978-3-448-09340-7, Bestell-Nr. 00196

„Erfolgreiche Existenzgründung" von Reinhard Bleiber, 336 Seiten, mit CD-ROM, € 29,80.
ISBN 978-3-448-09294-3, Bestell-Nr. 00248

TaschenGuides – Qualität entscheidet

Bereits erschienen:

■ Der Betrieb in Zahlen
- 400 € Mini-Jobs
- Balanced Scorecard
- Betriebswirtschaftliche Formeln
- Bilanzen
- BilMoG
- Buchführung
- Businessplan
- BWL Grundwissen
- BWL kompakt – die 100 wichtigsten Fakten
- Controllinginstrumente
- Deckungsbeitragsrechnung
- Einnahmen-Überschussrechnung
- Finanz- und Liquiditätsplanung
- Formelsammlung Betriebswirtschaft
- Formelsammlung Wirtschaftsmathematik
- Die GmbH
- IFRS
- Kaufmännisches Rechnen
- Kennzahlen
- Kontieren und buchen
- Kostenrechnung
- VWL Grundwissen

■ Mitarbeiter führen
- Besprechungen
- Checkbuch für Führungskräfte
- Führungstechniken
- Die häufigsten Managementfehler
- Management
- Managementbegriffe
- Mitarbeitergespräche
- Moderation
- Motivation
- Projektmanagement
- Spiele für Workshops und Seminare
- Teams führen
- Workshops
- Zielvereinbarungen und Jahresgespräche

■ Karriere
- Assessment Center
- Existenzgründung
- Gründungszuschuss
- Jobsuche und Bewerbung
- Vorstellungsgespräche

■ Geld und Specials
- Sichere Altersvorsorge
- Energie sparen
- Energieausweis
- Geldanlage von A-Z
- IGeL – Medizinische Zusatzleistungen
- Immobilien erwerben
- Immobilienfinanzierung
- Meine Ansprüche als Rentner
- Die neue Rechtschreibung
- Eher in Rente
- Web 2.0
- Zitate für Beruf und Karriere
- Zitate für besondere Anlässe

■ Persönliche Fähigkeiten
- Allgemeinwissen Schnelltest
- Ihre Ausstrahlung
- Burnout
- Business-Knigge – die 100 wichtigsten Benimmregeln
- Mit Druck richtig umgehen
- Emotionale Intelligenz
- Entscheidungen treffen
- Gedächtnistraining
- Gelassenheit lernen
- Glück!
- IQ – Tests
- Knigge für Beruf und Karriere
- Knigge fürs Ausland
- Kreativitätstechniken
- Manipulationstechniken
- Mathematische Rätsel
- Mind Mapping
- NLP
- Optimistisch denken
- Peinliche Situationen meistern